入門 デジタルアーカイブ

まなぶ・つくる・つかう

柳与志夫［責任編集］

勉誠社

まえがき　デジタルアーカイブの時代へ

デジタルアーカイブへの関心が高まっている。

10年前までは一握りのミュージアム関係者の間で，所蔵品のデジタル化と展示を中心に取り組まれていたものが，デジタルライブラリーを取り込み，文書館・史料館の史資料デジタル化を含む，いわゆるMLA全体を覆うように拡がり，今や政府や企業のもつ資料・情報のデジタルアーカイブ化だけでなく，個人コレクションもその対象となっている。それに伴って，デジタルアーカイブの対象となる資料・情報の範囲もあらゆる分野に拡大し，データアーカイブとの境目もはっきりしなくなってきた。それが担う機能も，データベースとしての蓄積・保存や貴重資料の展示から，むしろ新しいコンテンツ創造のための活用に重点が移っているように思われる。

こうしたデジタルアーカイブ概念の拡張が，社会的な受け止め方に混乱を招いていることも事実である。国立美術館のデジタルアーカイブと，個人の特定テーマへの趣味・関心によってつくられたデジタルアーカイブとを，同じデジタルアーカイブと呼んでいいのだろうか。

本書では，「デジタルアーカイブ」をとりあえず，以下のように定義しておくことにするが，厳密な概念定義はかえってその発展の可能性を狭めてしまうことになりかねないので，あくまで目安と考えていただきたい。

定義：特定のテーマ・目的に沿ったデジタルコンテンツを収集・組織化したデジタルコレクションの編成・蓄積・保管・利用・連携を長期にわたって保障する仕組み

かつてデジタルアーカイブと言えば，文化財に始まり，その後対象は公文書や政府情報，学術情報に拡張されたとはいえ，無料・公開を原則とする公共分野のものであり，有料・利用者限定の商用のデジタルコンテンツやデータベースとは対立する概念とされることが一般的だった。しかし，デジタルアーカイブ機能は，商用コンテンツの効果的・効率的流通を支える重要なプラットフォーム機能の一部となっており，商用／非商用，一般公開／限定公開，無料／有料の違いは，デジタルアーカイブにとって本質的なことではない。近年米国を中心に利用が活発化している有料あるいは無料の企業デジタルアーカイブの存在がそれを示しているように思われる。むしろ社会全体の知識基盤として，デジタルアーカイブが新しい情報・知識活用の時代を切り開く可能性が見えてきたのではないだろうか。そしてそのためには，理論的課題と社会的役割の解明を深めると共に，デジタルアーカイブ概念の社会的な共通認識の形成が必要になっていると言えるだろう。

これまで編者らは，アーカイブとデジタルアーカイブに関する書籍4冊『デジタル文化資源の活用——地域の記憶とアーカイブ』『アーカイブのつくりかた——構築と活用入門』『これからのアーキビスト——デジタル時代の人材育成入門』『デジタルアーカイブとは何か——理論と実践』を，同じ勉誠出版から続けて発行し，デジタルアーカイブに関わる問題・課題を提示してきた。そしてその成果を踏まえて，デジタルアーカイブ概念とその手法の社会的共有化を促すためにも，そろそろ一般的な入門書が必要ではないか，という認識のもとに編集したのが本書である。

「学び，作り，そして使える，デジタルアーカイブの時代のガイドブック」を目標に，最初から最後までの通読を前提とせず，必要な時に関心のある項目を読める事典形式を採用した。また，内容も実際に役立つように具体的な記述を心がけた。その趣旨から言えば，事項内容の追加修正が随時可能な本来のデジタルブックとしての出版が望ましいが，現在の出版界ではそのような出版形態がまだ確立していないこと，そして何より入門書として，全体の概要がわかる一覧性は，デジタルアーカイブをテーマとして扱っていながら，皮肉なことにデジタルアーカイブではまだ補えない機能であり，本書のデジタルアーカイブ化は次の課題として考えたい。

デジタルアーカイブに関する知識・スキルは，特定の分野・目的に限定されず，仕事・研究・趣味などあらゆる場面でこれから不可欠のものとなるはずである。理系文系を問わず大学生が専門分野に進むための基本スキルとして，あるいはビジネス活動を支える基礎的な情報源として，デジタルアーカイブを活用していくためのガイドブックの役割を本書が果たすことができれば幸いである。

編集委員会を代表して
東京大学大学院情報学環特任教授
柳　与志夫

目　次

まえがき　デジタルアーカイブの時代へ　i

I　デジタルアーカイブをまなぶ

1　デジタルアーカイブの種類　3

1-1　デジタルアーカイブの分け方　3／1-2　規模と運営主体による違い　5／［コラム］　Open Data と Linked Open Data　8

2　デジタルアーカイブの工程　13

2-1　資料の所蔵とデジタル化　13／2-2　デジタル化　17／2-3　目録の作成とメタデータ　24／2-4　デジタルアーカイブの保存　29

3　新しい分野のデジタルアーカイブ　34

3-1　ウェブアーカイブ　34／3-2　データアーカイブ　40

II　デジタルアーカイブをつくる

1　運営管理　47

1-1　デジタル化に係る経費　47／［コラム］　経費：参考事例　51／［コラム］　国際的な画像の相互運用規格IIIF　54／1-2　システム構築及びメンテナンスにかかる経費　60／1-3　仕様書の書き方　63／1-4　仕様書の具体例及びガイドライン　71／［コラム］　クラウドファンディングを用いた資金調達　73／1-5　デジタルアーカイブの運用・管理　78

2　技　術　82

2-1　平面資料　82／2-2　音声　87／2-3　映像　91／2-4　立体物　96／2-5　インターネットサービスを利用して展開するための技術　99／2-6　サーバ・ストレージシステム　103／2-7　デジタルアーカイブ活用の技術——美術館・博物館の例　108

3　法　律　114

3-1　デジタルアーカイブと著作権の制限　114／3-2　孤児作品　118／3-3　各国の孤児作品対策　121／3-4　権利処理　124／3-5　CCとデジタルアーカイブ　128／3-6　TPPとデジタルアーカイブ　132

インタビュー　福井健策弁護士

「壁」に立ち向かうデジタルアーカイブ　137

III　デジタルアーカイブをつかう

1　未来を築くためのアーカイブ　147
インタビュー　宮本聖二氏

2　デジタルアーカイブの活用・展開　156
2-1　デジタルアーカイブを使う意義——地域資源の活用を事例に　156／2-2　デジタルアーカイブとコレクションの活用　160／2-3　デジタルアーカイブの地域における活用　165／2-4　芸術文化のデジタルアーカイブによる活用　171／2-5　組織の記録と広報　175／2-6　災害デジタルアーカイブ　179／2-7　デジタルアーカイブの学術・教育での活用　185

あとがき　189
執筆者一覧　191
索引　192

I　デジタルアーカイブをまなぶ

DA 1 デジタルアーカイブの種類 DA

1-1 デジタルアーカイブの分け方

デジタルアーカイブには様々な種類がある。しかし図書館や博物館などが法律や設置主体によってその種類を明確に区別されているのと異なり，それらの標準的な分類基準があるわけではない。また，図書館法や博物館法で重要な区別とされる公立／私立の区別もあまり意味がない。デジタルアーカイブの歴史が浅く，区別の根拠となる法律や理論がないことがその理由のひとつと考えられるが，あまりの多様さと日々新たなタイプが生まれてくる発展性も大きな要因である。とは言え，幾つかの基準に従ってタイプ別に分けることは可能であり，デジタルアーカイブの全体像を理解するためには役立つと思われる。ひとつの基準ですべてを分けることは不可能なので，ひとつのデジタルアーカイブが幾つものタイプによって分類（交差分類）[1]できる。

先ず思いつくのは，デジタルアーカイブを構成するデジタル・コレクションのテーマである。デジタル・コレクションの性質が，学術的であれ，実用的・娯楽的であれ，原理的にあらゆるテーマが可能であり，図書館の十進分類法[2]が対象とするあらゆる知識・事象が対象となる。逆に言うと，排除されるテーマはない。料理を例にとれば，食文化，その下位分類である和食，さらにその下位の金沢料理，寿司・天ぷらまで，要するに何でもデジタルアーカイブのテーマにできるのである。

対象とするメディアの違い（文字，音声，映像等）による区分も，現物のアーカイブから発展したデジタルアーカイブでは大きな意味をもつ。写真，レコード・CD，映画，絵画・彫刻，図書など，これも多様だ。

もうひとつ重要な分類基準に，何を目的に構築されたかがある（詳細は第Ⅲ部参照）。特殊コレクションの公開，地域振興，地域文化保存，組織の記録と広報，公益（防災，福祉等），学術研究・学習，営利など，これも原理的にはすべての目的が可能である。そして，その目的に応じて，どのようなデジタル・コレクションを形成するかが決まってくる。個人を記念するという目的になるが，近年有名作家・芸術家・政治家・芸能人等のパーソナルアーカイブ[3]の形成が目立つようになっている。（柳与志夫）

注

1）図書分類等では交差分類を避けるため，分類基準適用の優先順位を定めるが，デジタルアーカイブの分類にはそのような優先順位はまだ存在しない。

2）人間の知識（実際にはそれを表現した図書）を大項目から小項目まで順次10の分野に分けて分類する方法。

3）パーソナルアーカイブの例としては，以下のようなサイトがある。

・中ザワヒデキ「中ザワヒデキ網上楼閣」（http://www.aloalo.co.jp/nakazawa/index_j.html, accessed 2016-01-19）芸術作品の画像，スケッチ，出展の記録，特許資料等，自身の芸術活動に関する多様な資料をデータベース上で公開している。

・公益財団法人大平正芳記念財団「大平正芳 全著作及び研究所」（http://www.ohira.org/cd/index.html, accessed 2016-01-19）大平正芳の著作，写真，映像，筆跡等をアーカイブしており，著作については全文を閲覧することができる。

1-2　規模と運営主体による違い

デジタル・コレクションの内容（コンテンツ）に応じて分類する方法と対比して，デジタルアーカイブをその規模と運営主体・運営方法によって分けることが実際的である。規模の違いにより，デジタルアーカイブの性質が大きく異なってくる。

本書では，国レベルで取り組む最大規模（図1）と個人でも構築可能な最小規模（図2）で，その構成要素がどのように異なってくるかを図示した。

運営主体は，個人レベルから国家連合レベルまでありうるが，個人コレクションや国家情報システムと異なるのは，いずれも公共性（公益，公開等）の観点が必要なことである。また，仮に個人レベルで運用するデジタルアーカイブであっても，継続性の保障がなければ社会制度とは言えない。そのためには，何らかの組織的裏付けが必要である。

図3では，小規模，中規模，大規模，包括的規模の4パターンのデジタル

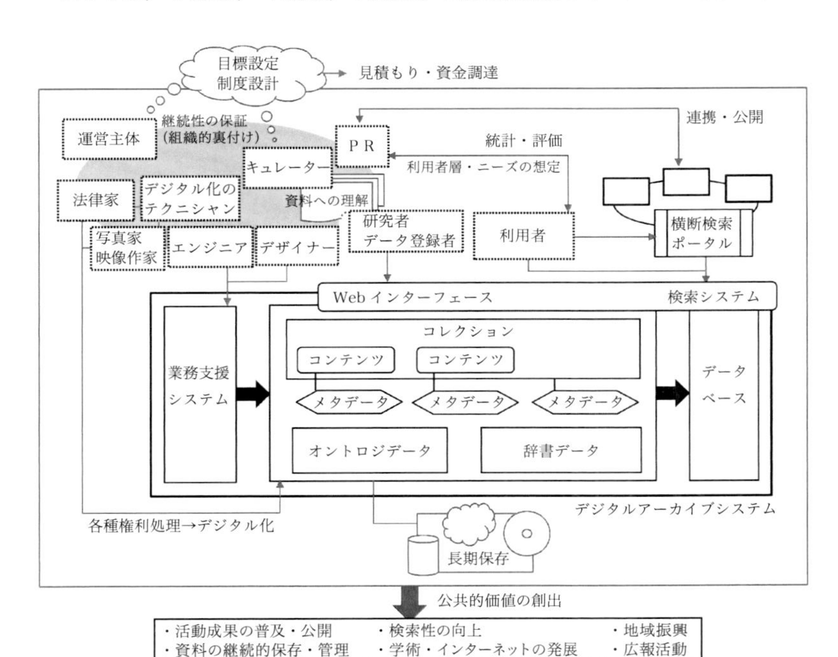

図1　デジタルアーカイブの基本要素（最大モデル）

アーカイブを例示した。　　　　　　　　　　　　（柳与志夫・中川紗央里）

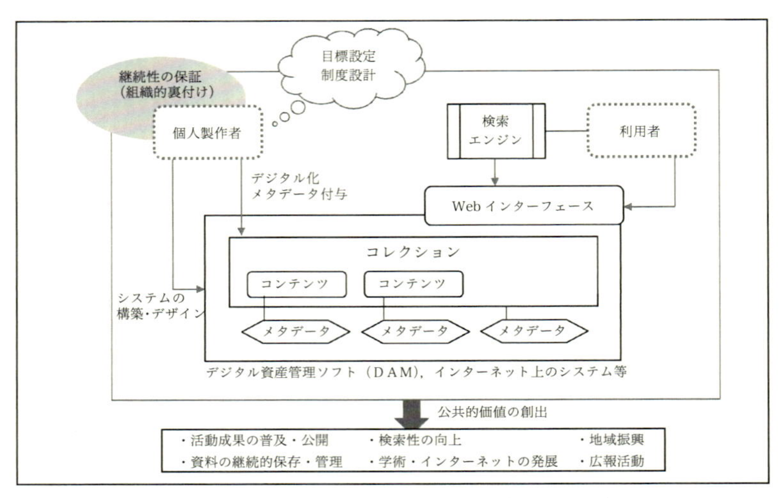

図2　デジタルアーカイブの基本要素（最小モデル）

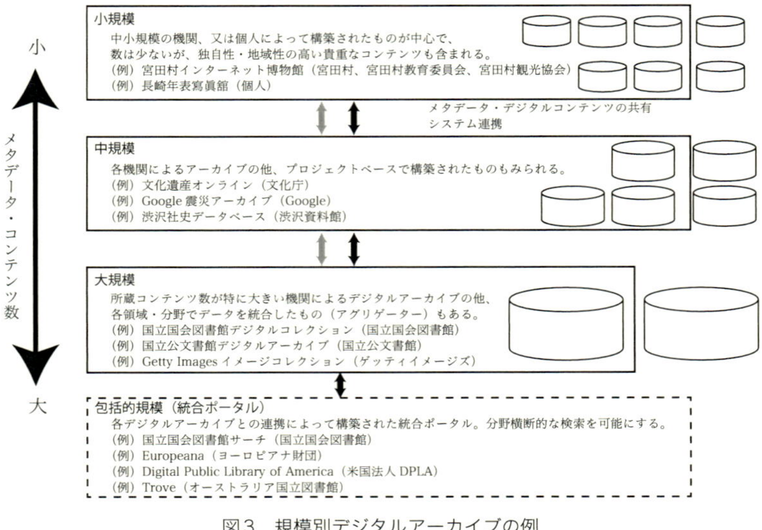

図3　規模別デジタルアーカイブの例

参考文献
図1 デジタルアーカイブの基本要素（最大モデル）
岡本真・柳与志夫責任編集『デジタルアーカイブとは何か：理論と実践』（勉誠出版，2015年）
NPO法人知的資源イニシアチブ編『アーカイブのつくりかた：構築と活用入門』（勉誠出版，2012年）
NPO法人知的資源イニシアチブ編『デジタル文化資源の活用：地域の記憶とアーカイブ』（勉誠出版，2011年）
京都大学研究資源アーカイブ『研究資源アーカイブ　デジタルアーカイブシステム』（URL : http://www.rra.museum.kyoto-u.ac.jp/（入手 2015-11-23））
図2 デジタルアーカイブの基本要素（最小モデル）
岡本真・柳与志夫責任編集『デジタルアーカイブとは何か』（勉誠出版，2015年）
NPO法人知的資源イニシアチブ編『アーカイブのつくりかた：構築と活用入門』（勉誠出版，2012年）

Open DataとLinked Open Data

近年，欧米の博物館や大学等研究機関を中心にデジタルアーカイブ（画像・音声・テキスト・映像等デジタルデータ）をライセンスフリーでウェブ公開する動きが活発化している。この影響は，世界的な潮流にあるOpen Data並びにLinked Open Dataが背景にある。

Open Data（オープン・データ）

オープン・データの発端は，2009年と10年に行われた国際的な講演会TEDに登壇したウェブの発明者ティム・バーナーズ=リー卿の発表とされている。オープン・データのオープンの定義とは，“誰でもデータを制約無く自由に利用，再配布，再利用できること”[1)]である。つまり，オープン・データとはこの定義もしくは同等内容の利用条件を適用して公開したデータを言う。初期の頃のデータは，権利問題の影響が少ない行政関連データが中心であったが，今日では地方自治体や地域コミュニティ自らがデータを作成して公開するなど，広い範囲で活動が行われている[2)]。その後，EUでは2013年6月に公共施設や機関が保有する情報公開と活用に関する指令「EU Public Sector Information（PSI）」[3)]の改訂が行われ，美術館・博物館・図書館・大学図書館・アーカイブズ施設がオープン・データの対象になり，データ公開は原則無償であることに加え，コンピュータが処理できる機械可読性の確保が義務づけられた。2009年以降，世界に広がったオープン・データ活動によって，ウェブにPDFやグラフ画像データ，エクセルデータ，HTMLデータなどが大量に公開されることとなった。しかしながら，エクセル内の数値データや画像化されたグラフの数値，テキストを使用したい場合は，ファイルをダウンロードして必要なデータ部分を取り出す手間が発生したことから，効率的にデータ利用できる環境整備が求められるようになった。

Linked Data（リンクト・データ）

Linked Dataは，ウェブ標準のルールで記述されたデータ同士をウェブページのリンクのように，インターネット上で参照・利用する技術や仕組みを言い，データは以下の基本原則に基づく[4]。

①あらゆる事物に識別子（IRI/URI）を使うこと
博物館でいう収蔵品や展覧会情報，ウェブに公開したHTMLページなど，あらゆる情報資源に識別子を与える考え方である。IRI/URI（以後URIと表記）はURLと同様にウェブで重複が許可されないことから，一意にリソースを識別・特定できる特徴がある。

②URIはHTTP技術を使用して指定できること
HTTP（Hyper Text Transfer Protocol）とは，ウェブサーバとPC等の端末間で情報通信する際の標準技術・規格である。ブラウザにURLを入力すると指定したウェブサイト画面が表示されることと同様に，URIにアクセスすると，リソースの情報が得られることを言う。

③URIにアクセスした際は，リソースに関する構造化データが使えること
構造化データとは，プログラム処理できるデータである。例えば，展覧会情報のURIにアクセスした際には，展覧会名や開催場所，住所，観覧料などが個別のデータ項目で設定されており，開催場所が上野公園ならば，“上野公園”という文字列や経緯度の値が利用できることを意味する。

④構造化データには関連情報のリンクを含めること
一般的なウェブサイトの場合，リンクをクリックすると別ページが表示される。Linked Dataでは，リソースと関連ある情報が他にある場合は，そのURIを関連情報としてリンク記述する。

これらの原則に基づくLinked Dataの世界は，ウェブのあらゆる情報資源（リソース）を繋ぐことで，誰でも利用できるインターネット上の巨大データベースを構築することにある。ウェブ公開したリソースをデータベースのように項目を指定して値を操作するためには，ウェブ標準のデータ形式RDF（Resource Description Framework）[5]で情報を記述する。

Linked Open Data（リンクト・オープン・データ）

Linked Open Data（LOD）とは，オープン・データの条件を適用したLinked

Dataである。オープン・データの特徴は，制約なく誰でも自由に利用できるデータであること，Linked Dataはウェブ標準の技術を利用して記述した構造化データであること，これらの条件を合わせたものがLODである。つまり，LODでデータ公開することは，利用制限を設けない構造化データのウェブ公開を意味する。世界最大のデジタルアーカイブポータルサイト，Europeanaでは2012年にすべての公開資料メタデータに一切の権利を主張しないCC0ライセンスを適用し，2013年以降は適用範囲を拡大して画像や音声・映像データのパブリックドメイン公開を進めている[6)]。

LODは，自身が公開するデータに他のデータのリンクを記述することで，リンク先のデータ内容を参照できることから，シソーラスや典拠情報のような種類のデータには大きな利点がある。例えば，Europeanaでは作家

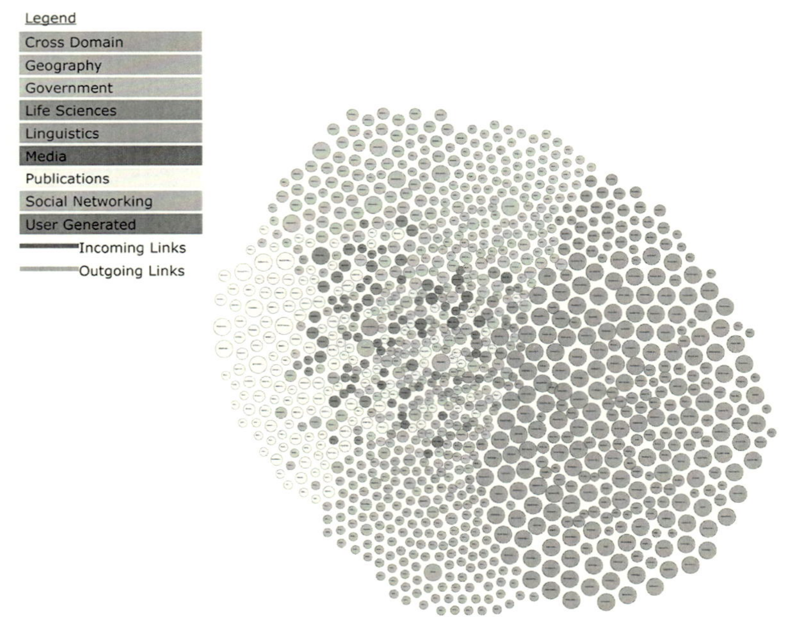

図1　様々な分野に広がるLOD

名の多言語表示やキーワード検索にゲティ財団が作成した人名典拠データやDBpediaを利用している。これは，自ら多言語表記のデータを作成せずとも，自身が公開するデータに既存の作家名や用語データを組み込むことで典拠データを使えることから，データ整備に係る労力が削減できることを意味する。実際，2014年以前のEuropeanaは日本語のキーワード検索に対応していなかったが，LODの技術を採用したことにより著名な作家や地名については日本語で検索できるようになった。

世界では数多くの分野がLODでデータ公開する動きが加速しており，世界のLOD状況をマップ化したLOD cloud diagram[7]によると2017年8月時点で1163のデータセットがLOD公開されている。中心に位置するDBpediaは，Wikipediaの情報をLODで公開する巨大なデータの集合体である。右側の色が濃い部分はライフサイエンス系，博物館・美術館や図書館系のデータは色が薄い左側に見られる。

LODの世界は，RDFを用いたデータ間のリンク構造を自動処理する仕組みにより，データを公開している他の分野のLODと接続できることを意味する。つまり，これまでに接点が無かった研究分野や領域との融合により，新しい発見や研究の可能性につながることから，情報の記述にRDFを用いることが標準になりつつある。RDFの利用が拡大する理由は，言うまでも無くリンク構造を用いたさまざまな分野とのデータ連携や活用可能性にあるだろう。

（嘉村哲郎）

注

1）The Open Definition（http://opendefinition.org/od/japanese/）

2）2013年6月，G8によるオープンデータ憲章の合意が図られ，日本もこれに賛同した。オープンデータ憲章（http://www.mofa.go.jp/mofaj/gaiko/page23_000044.html）

3）DIRECTIVE 2013/37/EU OF THE EUROPEAN PARLIAMENT AND OF THE COUNCIL of 26 June 2013（http://eur-lex.europa.eu/LexUriServ/LexUriServ.do?uri=OJ:L:2013:175:0001:0008:EN:PDF）

4）Linked Data（http://www.w3.org/DesignIssues/LinkedData.html）

5) The Resource Description Framework (http://www.w3.org/RDF/)

6) Europeana Linked Open Data (http://labs.europeana.eu/api/linked-open-data/introduction/)

7) http://lod-cloud.net/

2　デジタルアーカイブの工程

2-1　資料の所蔵とデジタル化

デジタルアーカイブの多くは，実施機関が自ら所蔵している資料をデジタル化している。しかし，個人の家に代々伝わる郷土資料，コレクターが収集した個人コレクションのように，所蔵者以外がデジタル化する場合もあるだろう。研究者が科研費によって他者が所蔵する資料をデジタル化することもある。また，デジタル化の実施機関が収蔵していても，寄託されている場合もある。これらの資料は，一点ものであったり数が少なかったりと，デジタル化して広く公開する意義が大きいものが多いが，自館所蔵資料をデジタル化するのとは違った注意点がある。

この節では，著作権等の問題はクリアしているという前提で，寄託資料や他機関所蔵資料をデジタル化する際に注意しなければならない点について扱う。

なお，「所有」「所蔵」については，博物館等でも使い方に差異がみられるため，本節では，「資料を物理的に持っている＝所蔵」「資料の所有権がある＝所有」とし，つまり「所蔵資料」には「所有資料」と「寄託資料」があるものとして記述する。

デジタル化作業の制限事項

デジタルアーカイブの対象となる資料は，概して古いものが多く，劣化が進んでいることを理由にデジタル化が進められることも多い。そのためむしろデジタル化の際に破損する恐れもあり，また，撮影前に補修が必要だったり，場合によっては解体して撮影することもある。寄託資料や他機関所蔵資料の場合は，破損のリスクをどこまで許容できるか，補修や解体についてどこまでの作業が可能かを確認する必要がある。

デジタル化作業を行う場所や機材，方法についても注意が必要である。たとえば，他機関所蔵の場合は，その機関でデジタル化作業を行う場所や機材があるのか，持ち出して別の場所で作業することが可能なのか，輸送手段はどうするか，自分たちの機材の持ち込みはどこまで可能なのか，画像確認後に失敗があった場合の再撮影は可能なのかといった確認事項がある。

これらの制限により，他機関所蔵資料では，自館所有資料に比べ，画質や明るさ，可読性等が劣る場合も出てくる。他の資料から著しく質が下がると，違和感を持つ利用者も出てくるだろう。その資料をデジタルアーカイブに加える意義と，デジタル化の質を勘案して，デジタル化実施の可否を検討する必要がある。

公開範囲

デジタル化には，資料保存等の目的もあるが，特に利便性が高まるのはインターネット公開である。図書等の刊行物であれば，著作権の問題がクリアできればインターネット公開できる資料が多数だが，たとえば個人文書であれば，プライバシーの問題によりインターネット公開に問題がある資料も含まれうる。第三者からはインターネット公開をして問題がないと考えられても，寄託者はそれを望まない場合もあるだろう。場合によっては，寄託資料のうち一部の資料画像だけを館内での利用とする，もしくはデジタル化をしない，といった対応も必要になる。その場合には，資料の一部だけを館内公開するといった対応がデジタルアーカイブシステムで可能なのか，その資料を除いてもデジタルアーカイブが成り立つのか，利用者にどう説明するかといった検討が必要になる。

この問題は寄贈資料にもかかわってくる。資料の寄贈を受ける際に「取扱いは寄贈先に一任」としても，来館利用を想定しての「一任」がインターネット公開にまで広がるとなると，特にその資料が書簡や日記であれば，抵抗感を持つ寄贈者も出てくるかもしれない。内容や寄贈時の状況を確認し，場合によっては寄贈者への連絡等が必要になることも考えられる。

また，今後資料の寄贈を受ける際には，将来デジタル化の可能性があるならば，インターネット公開を含めたやりとりをしておくと，実際にデジタル化を行う際の確認がスムーズに行えるだろう。

利用条件

デジタルアーカイブには，「著作権は自館にある」といったことが掲示されることが多い。また転載等については，「コンテンツの転載（掲載・放映）は連絡をすること」「有償利用の場合は使用料がかかる」「トリミングのような画像加工は認めない」「掲載物を寄贈する」といったように細かく指定をしていることもある。寄託の場合には，さらに「所蔵者の許諾」を求めていることもある。所有者の要望があれば，利用条件について調整し，その方式が運用上可能なのか（たとえば使用料の徴収が事務手続きとして可能なのか）確認する必要がある。

利用期間・画像の所有権

寄託契約では，寄託期間が定められていることが多い。寄託資料をデジタル化した場合には，画像の所有権を明確にし，資料が返却された後もデジタル画像の公開が可能かどうかを確認する必要がある。他機関所蔵資料の場合も，画像の所有権を明確にし，万が一原本を機関が手放した場合のことも想定しておくとよい。

【実例】

所有資料，寄託資料，他機関所蔵資料を同時に公開している例として北海道立文書館のデジタルアーカイブを紹介する[1)]。「道立文書館デジタルアーカイブ」には，現在6つのコレクションが掲載されている。そのうち4つは北海道立文書館が所有しているが，「阿部家文書」は子孫により原資料が寄託されており，保存のためにデジタル化した画像を，後にデジタルアーカイブに掲載したものである。また，「星野家所蔵安間純之進文書」は山梨県の星野家所蔵の原本をデジタル化したものである。

デジタル化作業は，自館所蔵資料については，職員によるデジタルカメラでの撮影，業者に委託してのスキャニングによって進められた。一方，星野家文書については，職員が星野家にて撮影を行った。

公開範囲はすべてインターネット公開となっているが，利用条件については異なっている。まず，アーカイブ全体について，画像の再配布の禁止や二次利用の申請について記載されている。「阿部家文書」はこの規則が強調されているのみだが，「星野家所蔵安間純之進文書」については，トップページに「この文書群は，利用条件が他のデジタルアーカイブ資料と異なる点があるので，詳細ページで確認してください」と記載されている。これに加えて，複写には申請が必要であり（提出と同時に複写可能），また調査・研究の成果物を原本所蔵者に提供するように求められている。（河合将彦）

注

1）石川淳「道立文書館デジタルアーカイブの取り組み」（『北海道立文書館調

査研究事業報告書』第2号）。本論文は，「大規模な予算をかけずに職員の努力と工夫によりデジタルアーカイブが公開できた文書館の事例を報告」しており，自館でデジタルアーカイブを構築する機関にとっては大変参考になる。

2-2　デジタル化

ここでは，中小規模の組織やプロジェクトがデジタルアーカイブ構築時に行う資料のデジタル化について，平面，映像・音声，立体の資料形態別にデジタル化方法の一例や留意点を取り上げる。

平面資料

デジタルアーカイブの現場で一番多く目にする資料は文書等紙片，書籍，図版，絵画など平面資料である。これらのデジタル化は，資料媒体の性質により使用する機器や方法が異なるため実際に資料状態を確認し，状況にあったデジタル化方法を選択する。

平面資料では，A3サイズまでの厚みの薄い冊子や紙媒体資料のデジタル化にはスキャナの利用が一般的であることから，フラットベッドスキャナによる手順を紹介する。

①資料状態の確認

デジタル化する資料のサイズや状態を確認し，破損や虫食い，カビなどが見つかれば必要に応じて修復，燻蒸，洗浄などを行う。

②原稿台のクリーニング

資料を原稿台に置く前には必ずウエスなどを用いてクリーニングし，スキャン時にホコリや汚れが付着しないように注意したい。

③資料をセットする

資料全体を写すためには水平・垂直を保つ形で原稿台中央付近にセットする。設置がうまくいかず斜めにスキャンされた場合は画像編集ソフトを使用して歪みや傾き補正の修正作業を行う。原稿台中央付近にセットする際，水平垂直に資料が設置できるようにガイドなどを使用すると効果的である。図1は自作の資料設置ガイドであ

図1　資料設置ガイド

図2 デジタル化資料の例

る。資料のサイズや形状に応じて複数用意した例である。

④スキャニングの設定
使用するスキャナメーカーにより設定内容が異なるが，ここでは一例としてEPSON社のスキャナを使用した資料デジタル化の設定例を紹介する。

図2は約B5サイズのクラス名簿である。ページ全体をスキャンした後に個別の写真を切り出して人物画像データが使えるように整備することを目的としている。資料に若干の厚みや歪みがある性質上，スキャナ標準のグレー背景で取込むと色ムラや陰が映り込むことから，背面に黒のシートを貼付けてスキャンしている。このときのスキャナ設定値は次の通り。

使用機材：EPSON ES-G11000，プロフェッショナルモード
原稿設定
　原稿種：反射原稿，取込装置：原稿台，自動露出：写真向き
出力設定
　イメージタイプ：48bitカラー，解像度：600dpi
　保存形式: TIFF
　ICCプロファイル埋め込み：ON

出力設定のイメージタイプ品質設定では24bitと48bitを選択できる。画像取り込み後に色調補正を行う場合や出版で利用する場合は，より多くの情報を画像に持たせる48bitを選択する。ただし，48bitで取込んだ場合は24bitと比べて情報量が2倍になるためデータサイズが大きくなる。
解像度は，最低でも350dpi以上を設定する。この資料のスキャンでは，ページ全体の画像から写真部分を切り出すために600dpiで設定した。なお，スキャン解像度を高くするほど読み込みに時間が掛かるため注意が必

要。スキャナ性能に依存するが，A4サイズを720dpiでフルカラースキャンした場合は1度の取込で約10分かかった。解像度に関する詳細は「II-2-1　平面資料」を参照されたい。

データ保存形式は，非圧縮画像形式TIFFを選択する。最高品質のTIFF形式はデータサイズ非常に大きくなるため，数百枚単位で大量にスキャンする場合はテラバイト級の大容量ストレージを用意すると良い。画像取込後，Web公開やサムネイル画像などサイズの小さい画像を利用する場合は，TIFF画像から圧縮画像形式JPEG画像を生成する。

ICCプロファイルの埋め込みは，スキャナが画像を生成した際に使用した色情報の種類を保存しておくオプション機能。出力機器のメーカーに依存することなく，画像データをモニタ表示，プリンタ印刷する場合は，常に同じ色で表示・出力できるように色情報を調整・管理するカラーマネジメントを実施する。モニタやプリンタ等のカラーマネジメントを行うためには専用のソフトウェアや測定器が必要になる。

⑤画像編集と書き出し

画像編集ソフトで傾きや歪み，色補正等を行う場合がある。この資料の例では，ページ全体をTIFF画像で保存した後，個人写真の部分を切り出して色補正し，JPEG画像で保存した。図3は取込後のTIFF画像（左）と編集後のJPEG画像（右）の比較である。実際の見た目はTIFF画像が近いが，古写真のような古い資料では画像編集することで鮮明に見えることがある。データが現物に忠実であるか否かは，用途や目的に応じて検討するとよいだろう。

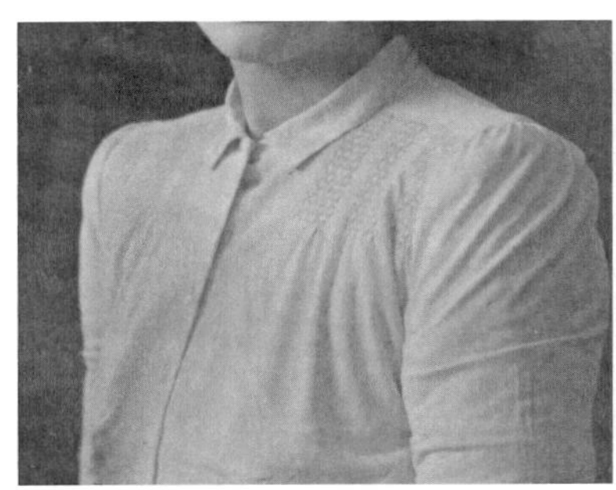
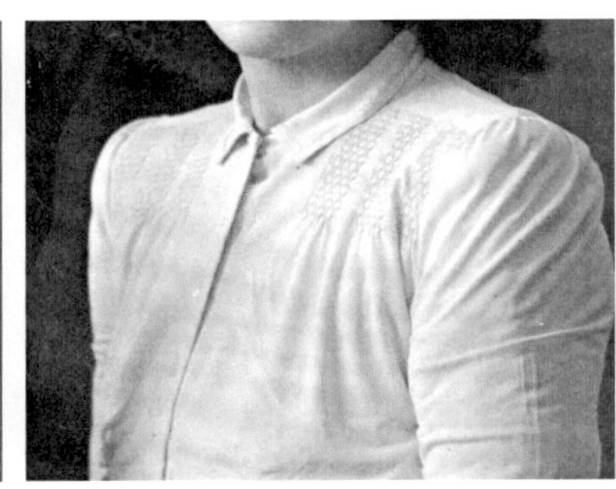

図3　加工前（左）と加工後（右）

その他のデジタル化方法

デジタルカメラ撮影

A2サイズ以上の媒体や絵画，図版など大型資料はデジタルカメラ撮影でデジタル化する場合がある。デジタルカメラ撮影は，撮影技術から光源の配置や露出の設定，カラーマネジメントなど専門的な技能と機材を多く必要とするため，大型資料で高品質なデジタルアーカイブを作成する場合は専門家へ依頼することが望ましい。

複合機

オフィスにあるような複合機にはスキャニングの機能があり，短時間で用紙両面をデータ化できる特徴がある。A4の用紙など一定サイズの資料が大量にあり，かつ高品質なデータが不要な場合には効果的である。

オーバーヘッドスキャナ

オーバーヘッドスキャナは新聞記事や雑誌等を卓上に設置して上から専用の読み取り機で撮影する装置である。非接触型スキャナのため資料に対する撮影時の負担が少なく，読み取り速度も複合機に匹敵する機種もある。カラースキャンの品質はフラットベッドスキャナに及ばないが，グレースケール画像や高品質カラー画像を求めない資料（メモ用紙やレシート等）には適している。

ブックスキャナ

A3サイズ以上のカタログや厚みがある本など，背表紙が閉じられている資料はブックスキャナの利用が考えられる。ブックスキャナの特徴は書籍をV字に設置して上からカメラで撮影するため，資料への負担を押さえてデジタル化できる。ただし，機器の価格が200～300万円以上することから気軽に用意することは難しい。

映像・音声資料

映像や音声資料のデジタル化現場は，これまでに広く普及した記録媒体，VHS，DVテープ，8ミリビデオ，カセットテープ，オープンリールに記録された内容を保存する目的で扱うことが多い。いずれの媒体も再生装置で再生し，再生装置とコンピュータをケーブルで接続してデータ化するが，現在ではこれらの再生装置が生産終了しているため専用の業者に依頼，または中古の機器を手に入れてデジタル化することになる。とりわけアナログ記録方式のVHS，Hi8とデジタル記録方式のDVテープ（miniDV含む）は安価な撮影機器が多く販売されたことから非常に多くの本数を扱うこともある。自前でデジタル化する場合の手順は次の様になる。

①再生装置とコンピュータの接続

VHSやHi8の場合はビデオデッキから映像・音声出力ケーブルを使用してコンピュータに接続する。この時，コンピュータ側に映像をキャプチャする機能が必要になる。最近ではUSB接続タイプのS端子やコンポーネントケーブルが見られる。DVテープの場合はDV再生デッキまたはビデオカメラとコンピュータに専用のケーブルを接続する。DVテープは映像がデジタルで記録されているため，品質の劣化なく取り込める。

②映像取込設定

映像を取り込むソフトウェアによっては，取込と同時に映像・音声データの圧縮機能が備わっている場合がある。この場合，必要に応じてビットレートの調整や圧縮コーデックの設定等を実施する。DVテープの場合は，記録された生データをそのままコンピュータに取込んだ後，目的に応じた品質で映像書き出しする場合が多い。

③映像取込

アナログ，デジタルテープ共に再生しながら映像データを取込む。最低でも媒体に記録された録画・録音の実時間数以上かかることに注意が必要である。

④映像確認と編集

取り込まれた映像が正常に表示されているか等目視での確認を行う。②で映像・音声の圧縮を行わなかった場合は，映像編集等を行った後，映像データの書き出しを行う。映像データの書き出しでは，映像・音声コーデックの選択とビットレートの設定等を行うが，Webで映像公開をする場合は「インターレース解除」の設定を行う。

立体物

立体物のデジタル化は写真で撮影する方法もあるが，近年では3Dスキャナの低価格化に伴い，3Dスキャナによるデジタル化も選択肢に考えられる。

安価な3Dスキャナ及びソフトの多くは資料に直接触れないでデータを取得できる非接触型スキャナであり，3Dデータ取得用カメラで撮影した画像を元に3Dモデルを結合・生成する。本特徴を踏まえ，撮影時の留意事項を取り上げる。

①素材と形状の確認

透明で背景が透けてしまう物，表面が艶やかで光を反射しやすい物，鏡のようにクッキリと写り込んでしまう物，スキャン中に変形してしまう物はスキャンが非常に難しい素材である。また，複雑に入り組んでいる部分はうまくスキャンできないため，角度をさまざまに変えながら多くのスキャンを繰り返す必要がある。

②スキャン環境の整備

スキャン時のノイズを最小限に抑えて精度の高いデータを取得するには，スキャン環境を整えることが大切である。

（ア）照明

対象物からの反射はノイズとなる。このため，強い照明をあてることや照明を近づけ過ぎには注意する。

（イ）テーブルからの反射

スキャン時のノイズ対策で見落としがちな点が，テーブルからの光の反射である。これは，テーブルに新聞紙を敷くことで防げる。反射を防げる物であれば何でもよいが，ハンディータイプのスキャナや3Dモデル生成ソフトを使う場合は新聞紙面が適度な模様となってカメラ位置の算出精度が上がる。

（ウ）スタンドの使用

3Dモデルの生成には対象物を全方位から撮影する必要があるが，テーブルに対象物を直置きにすると対象物とテーブルの隙間がスキャンできない。一つの方法に，対象物の天地を置き換えてスキャンし，3Dモデリングソフトを用いて撮影画像を結合するやり方があるが，工数が増えるため手間のかかる作業になる（結合を自動で行う自動合わせ機能付きのソフトウェアもある）。もう一つは，対象物を下から点で支えるようなスタンドを作成あるいは使用する方法である。対象物を中空に置くことでスキャナやカメラを対象物の下に潜り込ませられるようになり，一度のスキャンでほぼ全周をカバーできる。スタンドの利用が難しければ，例えば消しゴム一個でも対象物の下に入れるだけ

図4　スタンドを利用した3D撮影の例

で格段にスキャンしやすくなる。

（エ）基準立体の使用

スキャンするときに基準となる立体物を用意して対象物と共にスキャンすることで，3Dモデリングソフト上で現実世界と同じ大きさで揃える際の基準立体が目安となる。

③3Dモデリングソフトによる補修作業

対象物の形状やスキャン時のノイズにより期待した形状がスキャンできない場合もあるだろう。それらの補修には3Dモデリングソフトを使用する。ただし，データの補修作業はスキャンされたデータを「破壊する」作業である点も注意が必要である。デジタルアーカイブとして資料情報が損なわれないよう最小限に留めたい。

（平面資料：嘉村哲郎　立体物：田部井勝彦）

2-3　目録の作成とメタデータ

メタデータとは

デジタルアーカイブにおいて，コンテンツ（資料の中身）と切っても切り離せないのが「メタデータ」（データに関するデータ）である。デジタルアーカイブ関連でしばしば目にする用語だが，デジタルに特有のものではない。たとえば，ある本があったとして，その中身が「データ」，タイトルや著者，出版年といった「その本についての情報」が「メタデータ」となる。しばしば例として挙げられるが，ワインのラベルの情報も，ワインの中身に対するメタデータである。メタデータが整備されてこそ，利用者はタイトル，著者，出版年などから効率よく本を探すことができる。

メタデータそのものは，紙の目録の時代から作られてきたものだが，用語としては，蔵書検索システムやデジタルアーカイブのように，ネットワーク上でのデータについて使われることが多い。

通常，「メタデータ」と呼ぶ場合，ワインであればラベルの情報のことを指すが，その他にも，ワインの入手経路や保存状況といった，ワインの管理に関する情報も，そのワインを示す重要な情報である。資料をデジタル化する場合には，「デジタル化した日付」「デジタル化したスキャナの機種名」といったものが該当する。これらはしばしば「管理メタデータ」「管理データ」と呼ばれる。

本節では，一般的に「メタデータ」と呼ばれる内容に関する情報を「記述メタデータ」，その資料に関する管理の情報を「管理メタデータ」とし，この2種類のメタデータおよびその記述方法を定める「メタデータスキーマ」について述べる。

記述メタデータ

記述メタデータの記録項目，つまり「その対象物の内容を示すのにどういったデータを記録するか」は，当然のことながら対象物の種類によって異なる。ワインなら「名称」「生産年」「産地」，図書なら「タイトル」「著者名」「ページ数」，テレビ番組なら「番組名」「放送局」「放送日時」「出演者」といった項目が必要になる。

同じ対象であっても，用途等により，記述メタデータで記録する項目は異なってくる。たとえば，文化庁が作成した「メディア芸術データベース」

表1　メディア芸術データベース（例）

メタデータの項目	メタデータの例
マンガ単行本名	新・のび太の宇宙開拓史
マンガ単行本名ヨミ	シン ノビタ ノ ウチュウ カイタクシ
マンガ単行本名追記	映画ドラえもん／オールカラー
マンガ単行本名追記ヨミ	エイガ ドラエモン／オール カラー
マンガ単行本別版表示	アニメ版
巻	第1巻
巻ソート	1.0（巻を数値化したものを入力）
責任表示	［原作］藤子・F・不二雄／［脚本］真保裕一／［監修］藤子プロ
初版発行年（西暦）	2009
初版発行月	8
初版発行日	2
単行本レーベル（サブレーベル）	てんとう虫コミックス・アニメ版
単行本レーベルヨミ	テントウ ムシ コミックス アニメバン
レーベル番号	0815
出版者名	小学館//ショウガクカン
出版地	東京
ページ数	142p
縦の長さ_横の長さ	18.2cm × 12.8cm
ISBN	9784091408150
言語区分	日本語
レイティング	(「成年コミック」等のマーク)

（https://mediaarts-db.bunka.go.jp/）では，「マンガ単行本」のメタデータについて，表1のような項目を採用している。

図1の国立国会図書館サーチのデータ（抜粋）と比較してみよう。たとえば初版発行日について，メディア芸術データベースのガイドラインでは以下のように記載している。

「図書館での目録規則では「日」まで記録しないことが多いが，発行日日付も異版の確認で重要なケースがあるため，「日」まで管理できるようにしている」

映画ドラえもん新のび太の宇宙開拓史 : オールカラー
藤子･F･不二雄 原作,真保裕一 脚本,藤子プロ 監修

詳細情報

タイトル	映画ドラえもん新のび太の宇宙開拓史 : オールカラー
著者	藤子･F･不二雄 原作
著者	真保裕一 脚本
著者	藤子プロ 監修
著者標目	藤子, 不二雄F, 1933-1996
著者標目	真保, 裕一, 1961-
著者標目	藤子プロ
シリーズ名	てんとう虫コミックス･アニメ版
出版地(国名コード)	JP
出版地	東京
出版社	小学館
出版年	2009
大きさ、容量等	142p ; 18cm
ISBN	9784091408150
価格	552円
JP番号	21660610
出版年月日等	2009.8
NDLC	Y16
NDC(9版)	726.1 : 漫画. 挿絵. 童画
対象利用者	児童
資料の種別	図書
言語(ISO639-2形式)	jpn : 日本語

図1　国立国会図書館サーチ（例）

大きさについても，図書館では通常縦の長さしか記録しないが，ガイドラインの項目では「縦の長さ，横の長さ」を記録している。一方，価格はガイドラインの項目にはない。同じ一冊の本についても，記録する項目や内容が，図書館とメディア芸術データベースで異なっている。収録範囲や利用者により，同じものを対象としてもメタデータの項目や記録方法は異なってくるのだ。

デジタルアーカイブが既にある場合や，既存のシステムを使う場合には，記述メタデータの項目が決まっていることも多いだろう。一方，デジタルアーカイブを新たに構築する場合，記述メタデータの項目を一から考えるのは難しい。対象となる資料について，他機関で同様のアーカイブを作っている例はないかを調査し，そこに利用者の利便性，利用環境，作成のためのコストといった点を勘案し，項目を決定するのが効率的と思われる。

管理メタデータ

管理メタデータ（管理データ，管理用メタデータ）は，対象物の管理情報を記録したものである。ワインならば，「入手経路」「保存状況」といったデータをイメージしてもよいかもしれない。管理メタデータを用いれば，デジタル化したデータと元の資料の関係性が明確になり，たとえば画像から原資料を復元したい場合などに有効である。また，デジタル画像の長期保存を考える上でも重要なデータである。

管理データの項目も，対象資料の性質によって変わり得るが，たとえば「国立国会図書館資料デジタル化の手引2017年版」（http://www.ndl.go.jp/jp/aboutus/digitization/guide.html）においては以下の項目が最低限必要な要素として挙げられている。

（1）画像データ自体に関するもの
①FormatType（フォーマットタイプ）
②CompressionScheme（圧縮方法）
③CompressionLevel（圧縮レベル）
④ColorSpace（カラースペース）
⑤Byte（データサイズ）
（2）画像データの作成に関するもの
①Holder（所蔵者）
②SourceID（ソースID）
③ScannerHardware（スキャナ ハードウェア）
④ScannerManufacturer（スキャナ製造者）
⑤ScannerSoftware（スキャナ ソフトウェア）
⑥ScannerSoftware Version（スキャナ ソフトウェアバージョン）
⑦ScannerSettings（スキャナ設定）
⑧Creator（作製者）
⑨Date（作製日）

メタデータスキーマ

自分の蔵書の管理のように，記録が自分だけのものであれば，メタデータのルールを厳密に決める必要はない。しかし，デジタルアーカイブ作成のためには，「他人でも同様に入力できる」「アーカイブ利用者が理解できる」ことが重要である。たとえば本の場合，「目録規則」というルールを用いれば，どの項目を採用し，どのように記録するかが，ある程度共通化できる。

メタデータに記録する項目や記録する際のルールを定め，ある対象物に対して質が一定のデータを記録できるように定めたものは，「メタデータスキーマ」（メタデータ記述規則）と呼ばれる。メタデータと同様，ネットワーク上のデータに用いられることが多い用語だが，デジタルではない「目録規則」「マンガのガイドライン」も「メタデータスキーマ」の一つといえる。

メタデータの項目を考えたり入力ルールを決めたりするのが，メタデータスキーマを作るということになるが，その際に参考になるのが，「一般社団法人メタデータ基盤協議会」が運営する「Meta Bridge」（https://www.metabridge.jp/infolib/metabridge/menu/）である。「Meta Bridge」は「メタデータの記述に関する取り決めを“共有”しよう」として，国内外のメタデータスキーマが集められたデータベースで，「絵画」「震災関連」「博物館」といったように，多数の分野のメタデータスキーマが検索できる。近年，各種データベースの横断検索や，データそのものを集めた統合データベースがよく見られるが，こうした連携には，それぞれのデータ共通のルールに基づいた相互運用性の高い構造であることが重要である。他機関のデータベースを参考にすることで，将来のデータベースの連携についても容易となるように設計しておきたい。

なお，メタデータはすべての項目を公開するわけではない。記述メタデータは，基本的に資料を利用するためのデータで，公開する項目が多くなるが，管理メタデータは，内部管理用の意味合いが強い。項目ごとの公開・非公開についても検討する必要がある。（河合将彦）

参考文献
杉本重雄「デジタルアーカイブとメタデータ」（『三田評論』1197，2016年2月）25-30頁
谷口祥一，緑川信之『知識資源のメタデータ』（第2版，勁草書房，2016年3月）

2-4　デジタルアーカイブの保存

近年，コンピュータの記憶装置（HDD：ハードディスクドライブ）の大容量化が著しい。10年前の2007年当時は1TBであったが，2017年10月時点で入手できるHDDの容量は1台あたり14TBにもなる。大容量HDDが手軽に入手できるようになった一方で，保存すべきデジタルデータの種類やデータサイズが増加している。特に，映像データはこれまでのHDやフルHDから4Kが主流になりつつある。例えば，SONY製の家庭用カメラ4K（30p，ビットレート100Mbps）で撮影した場合は，約1時間の撮影で64GB，60pで撮影した場合は倍の記録容量が必要になる。

デジタルアーカイブの活動で作られた画像，音声，映像，文書等のデータは，撮影に使用したメモリーカードや画像編集を行ったPC本体にデータを保存するのではなく，専用のストレージ（データ保存装置）を用いて管理することが望ましい。大規模なデジタルアーカイブプロジェクトでは，数百万から数千万規模のデータ保存装置を導入する例もあるが，ここでは中小規模向けのデジタルアーカイブ保存の例を紹介する。

ネットワークアクセス型ストレージ（NAS）の利用

複数組織やグループ間のデータ共有のために，LAN上にNASを設置して，複数PCから同時に利用する方法が一般的である。LANで接続されていれば，離れた部屋にある映像編集PCやスキャナーから作成したデジタルデータを直接NASに保存することもできる。

図1は4台のHDDを搭載できるQNAP社製NASである。NASには，あらかじめHDDを搭載した機種と，筐体のみを販売している機種がある。ストレージを安価に調達するならば筐体とHDDを別に用意する。図のNASは最大10TBのHDDを4台搭載でき，10GbEの超高速ネットワークに対応した筐体のみのモデルである。この筐体（約12万円）に1台2万円の4TB（WD RED NAS HDD）を4台（16TB）搭載した場合は約20万円でストレージシステムが構築できる。10Gbpsのネットワーク通信速度が不要な場合は5～6万円程度で本体を入手でき，筐体とHDD合

図1　QNAP社製NAS（TVS-463）

わせて10万弱で構築可能だ。NASは，プロジェクト規模や扱うデータ種類に応じて筐体とディスク容量を選択することが望ましい。NAS導入の際に注意したい点は，3～4万で販売されているHDD搭載モデルを選択しないことである。これらは，家庭向け製品のため同時に接続できるPC台数が少なかったり，一日数時間程度の稼働を想定して設計されているため耐久性が低かったりする。デジタルアーカイブで使用する場合は，中小企業向け以上の製品を選択したい。また，HDDも同様に，2017年7月時点で4TBディスクの平均価格は1万円程度だが，これらは一般的なPC向け製品で長時間の連続稼働には向かない製品である。各ディスク製造メーカーから販売されている，NAS向け製品を選択することが望ましい。なお，NASに複数台ディスクを搭載する場合はすべて同一容量，同一型番が原則である。

データ保護機能の設定

NASにはHDDが故障した場合に備えてRAID（Redundant Arrays of Inexpensive Disks）と呼ばれるデータ保護機能が搭載されている。ストレージのデータ保護向けによく利用されるレベル5（RAID5）は3台以上のHDD搭載時に利用でき，1台が故障してもデータの損失を防げる機能である。利用可能な総ディスク容量は，全HDD台数のうち1台を引いた容量になる。例えば4台の4TB HDDを搭載したNASにRAID5を設定した場合は3台分の12TBが実効容量，1台故障してもデータの健全性が保持される。RAID5は，1台故障した後にディスク交換を行うが，システムがRAIDの再構築を完了する前に別のディスクが故障するとすべてのデータを消失するため注意が必要。HDDを多く搭載できるNASであればRAID6設定を推奨したい。RAID6は，4台以上のディスク構成時に利用でき，最大2台までのディスク故障に耐える。ただし，RAID6設定時はHDD2台分をデータ保護に使うため，4台搭載のNASならば2台分の実効容量となる。4TB4台搭載する場合は合計8TBがデータ保存領域となる。搭載ディスク数が2台の場合は，2台のディスクに全く同じデータを書き込むRAID1（ミラーリング）でデータ保護機能を利用できる。その他，RAIDは超高速ディスクアクセスを実現するRAID0やRAID1と0を組み合わせたRAID10，RAID0+1等がある。

共有フォルダとアクセス権設定

プロジェクトが進むと，個人情報等の機密情報を扱う機会に遭遇する。

NASはLANに接続して使用するため，LANに接続したPCから誰でもNASにアクセスできる状態で運用すると情報漏洩の危険がある。機密情報保護の観点から，このような情報を含むデータは特定の人やグループのみアクセスできるよう共有フォルダのアクセス設定が求められる。図2は共有フォルダとアクセス権限設定の画面例である。左側のフォルダに対して各アカウントが操作できる権限を設定している。下段にある「ゲストアクセス」設定は常にアクセス拒否が望ましい。

共有フォルダ　高度な許可　フォルダ集約

作成 ▾　削除　デフォルトの共有フォルダの復元

☐	フォルダ名	サイズ	フォル...	ファイ...	非...	ボリューム	アクション
☐	3Dデータ研究	2.2 TB	9317	104115	い...	DataStorage	
☐	Public	4 KB	1	1	はい	DataStorage	
☐	Web	4 KB	1	1	はい	DataStorage	
☐	homes	188 KB	16	15	はい	DataStorage	
☐	大学史史料室	754.7 GB	1323	33936	い...	DataStorage	
☐	大学美術館	40.66 GB	114	386	い...	DataStorage	
☐	音響映像研究1	10.63 TB	3209	34949	い...	DataStorage	
☐	音響映像研究2	24.74 TB	4813	74480	い...	DataStorage	

図2　共有フォルダとアクセス権限設定

不要サービスの停止

最近のNASでは，共有フォルダ機能の他にデータベースやWebサーバ，音楽・映像配信，リモートアクセス等様々なサーバ機能を備えている。データ保存用の装置として利用するならばこれらの機能は不要のため，有効になっていた場合は停止しておきたい。サーバソフトウェアは定期的に脆弱性が指摘されているため，使用する場合は必要に応じてアップデートしなくてはならない。セキュリティリスクを回避するためにも，使用しない機能は停止しておくことが望ましい。

データバックアップ

データ保護機能が備わったNASは，長期間データを保存しつつプロジェクトを行うデジタルアーカイブに便利な装置だが，機械である以上は故障する可能性がある。装置全体が故障して起動しない等の場合に備え，バックアップからデータを復元できるよう準備をしておきたい。NASのバックアップで一番単純な方法は，バックアップ用に同一NASを1台用意して定期

システム情報　ネットワーク状態　**システムサービス**　ハードウェア情報

Microsoftネットワーク	
有効	○
サーバタイプ	スタンドアロンサーバ
ワークグループ	AMC
WINSサーバを有効にする	○
ローカルマスターブラウザを有...	○
SQL サーバ	
有効	○
TCP/IPネットワークを有効にする	○
NTP サービス	
有効	○

システムポートの管理	
ポート	8080
安全な接続ポート	443
TFTPサーバー	
有効	○
UDPポート	69
UNIX/Linux NFS	
有効	○
VPN サーバー（OpenVPN）	
有効	○
プロトコル	UDP
ポート	1194
VPN サーバー（PPTP）	
有効	○
Webサーバ	
有効	○
ポート	80

図3　NASのサービス設定画面

的に自動バックアップを行うことである。費用的に同一NASの購入が難しいならば，安価な筐体とPC向けHDDを使用する方法もある。この場合，予備用のHDDを複数本用意しておくことが望ましい。さらに，費用を抑えたい場合はUSB接続のHDDをバックアップディスクとして使うこともできる。NASのバックアップ機能は，バックアップ取得するフォルダを細かく設定できるため，フォルダ単位にバックアップ先HDDを用意することも考えられる。

物理装置へのデータバックアップの他に，インターネットストレージにデータを保存する方法もある。著名なサービスではOneDrive（マイクロソフ

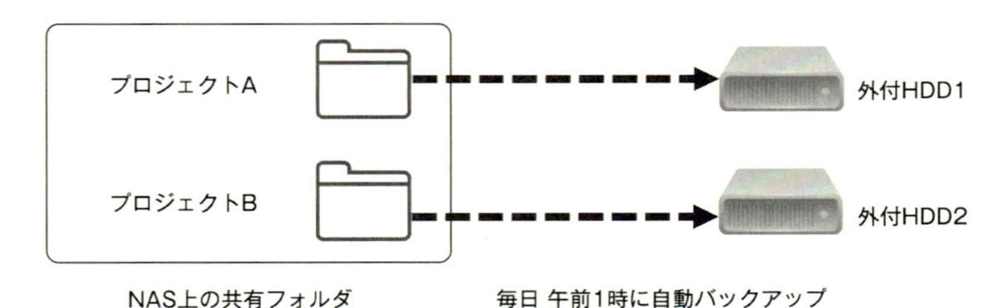

図４　外付HDDへのバックアップ例

ト），iCloud（アップル），Googleドライブ，Dropbox，映像データに限定すれば，YouTubeやVimeo，ニコニコ動画などがある。ただし，オンラインストレージと呼ばれるこれらのサービスは保存するサーバが海外にあることや，保存するデータによっては公衆送信権に抵触する等の場合があるため，使用する場合はサーバの所在地，著作権法に抵触しないデータであるか，データへのアクセス制限が可能であるか等の確認が必要である。（嘉村哲郎）

3 新しい分野のデジタルアーカイブ

3-1 ウェブアーカイブ

これまでのデジタルアーカイブは，実際の資料をデジタル化したデータを蓄積したアーカイブを扱ってきた。しかしながら，近年ではボーンデジタル資料と呼ばれるように，Microsoft Wordで作られた文書資料やプログラムデータで生成された芸術作品等，実体を伴わない資料が増加しつつある。本節では，従来とは異なる視点で捉えた新しい分野のデジタルアーカイブを紹介する。

ウェブサイトのアーカイブ

インターネットアーカイブ[1)]は，ボーンデジタルデータを収集，蓄積，保存し，必要なときに過去の情報が見られるデジタルアーカイブを構築している。インターネットアーカイブは，その名の通り世界中のウェブサイトを対象にデータ保存する目的で1996年に始まった。現在では，ウェブサイトの他にフリーの電子書籍や音楽，映像，文書など幅広いデジタルデータを扱っている。

インターネットアーカイブの使い方は簡単で，検索フォームに閲覧したいサイトのURLを入力するだけ良い。例えば，Yahoo! JAPANのURLを入力すると1996年11月20日に収集されたデータが最も古い記録として表示される(図1)。過去から現在まで続くサイトであれば，上部のタイムラインの日付を選択することでその変遷が見られる。インターネットアーカイブはサイト管理者が意識せず自動的にデータを収集して過去の情報を閲覧できるしくみに大きな利点がある。

一方，主体的にウェブサイトのデータを保存して閲覧できる状態が求められる場合もある。実際の例では，ある著名な芸術家が急逝，数ヶ月後にインターネットプロバイダよりアカウント削除の通知がありインターネットの利用を確認すると，当人はこれまでの活動をウェブサイトに記録していたことが判明した。このため，アカウント削除前にすべてのデータを保存し，その芸術家の活動記録としてのウェブサイトをアーカイブする必要に迫られた。

この時に検討したデータ保存方法は，①サーバにFTPアクセスして保存さ

図1　1996年11月20日のYahoo! JAPAN

れているデータを丸ごとダウンロードする。②ブラウザで各ページを表示して，ページ単位で保存する。2通りを検討した結果，前者は生のデータをそのまま保存できるが，ウェブサイトの構成によってはページ表示にサーバ機能が必要になることや，データ内容が正常に表示されない可能性があったため，ブラウザで表示した状態を保存する後者を選択した。②の操作方法は単純で，ブラウザのメニューから「ページを別名で保存」，「形式：ウェブページ，完全」を選択することで画面上に表示された状態のページを保存できる。ただし，保存作業が1ページ単位に手作業で実施したことから，非常に手間が掛かるものとなった。保存するサイトのページ数が多い場合は，全体を自動保存できるブラウザ拡張機能や有償ソフトウェアの利用も検討すると良いだろう。

電子メールのアーカイブ

現代では他人と連絡をするために都度，手紙を書いて郵送している人はまれであろう。瞬時に世界中に情報を伝達できる電子メールは，従来の手紙に変わり現代では多くの人が使用している情報伝達手段である。美術館や博物館では，過去の芸術家や文豪らが取り交わしてきた手紙を資料として保存し，展覧会で貴重な展示物として扱われている光景を目にすることがある。このような状況を鑑みると，現代の著名人らが送受信した電子メールが重要な資料として扱われて展覧会で目にする日もそう遠くないだろう。

電子メールのアーカイブ方法は，対象のメールアドレスが設定しているメールの受信形式により変わる。一般的に電子メールを受信する際はメールデータをサーバ上に残すか，メールソフトを利用してすべてのデータをダウンロードし，サーバには一切データを残さないやり方が考えられる。広く利用されているGoogleやMicrosoft社のクラウドメールサービスは，ウェブブラウザで利用することから，基本的にはサーバ上にデータが保存されている。なお，メールソフトを使用して受信している場合でも受信設定がIMAP，POP（サーバにメールを残す）の場合はサーバ上にデータが保存されている。

電子メールのデジタルアーカイブは，メールデータをコンピュータにダウンロードする。サーバ上にメールデータが残っている場合は，複数台のコンピュータとメールソフトを利用することで同じデータがダウンロードできるため，複数人でデータ整理等の作業をする場合に便利である。メールソフトにダウンロードしたメールデータは，メールソフトで見られる電子メールの状態にあるため，そのままではデジタルアーカイブとしての利用やデータ保存に向いていない。そこで，メールソフトのエクスポート機能を利用して，メール内容がデータで扱えるように変換する。次の例はフリーウェアのメールソフトThunderbirdの拡張機能（アドオン）を使用したメールデータの抽出例である。

この機能は，受信メールを振り分けしているフォルダ単位にデータ出力できるため，あらかじめメールを選別した状態で保存できる。データの保存形式はPDFやHTML表形式，CSV等で出力できる。HTML表形式は，タイトル一覧が生成され，件名を選択すると内容と添付ファイルを表示できるため，メールソフトを使用せずにメールの内容を確認できる利点がある。プログラム処理する場合はメール1通単位プレーンテキスト出力が良いだろう。

電子メールのアーカイブは，これまでに個人の記憶や記録をアーカイブす

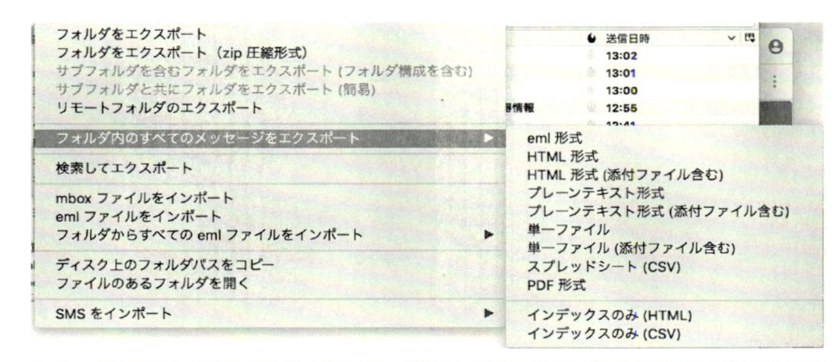

予約販売の件		化の杜」新	
Re: 作業報告　７月２７日		kamura.tetsuro@noc.geidai.ac.jp	2016/07/31 19.26
今月の作業時間　&　作業報告		kamura.tetsuro@noc.geidai.ac.jp	2016/07/31 22.50
Re: 今月の作業時間 & 作業報告	KAMURA,Tetsuro" <kamura.tetsuro@noc.geidai.ac.jp		2016/07/31 23.33
Re: 今月の作業時間 & 作業報告		kamura.tetsuro@noc.geidai.ac.jp	2016/08/01 17.25
Re: 今月の作業時間 & 作業報告		嘉村哲郎 <kamura.tetsuro@noc.geidai.ac.jp>	2016/08/02 12.42
Re: 今月の作業時間 & 作業報告	KAMURA,Tetsuro" <kamura.tetsuro@noc.geidai.ac.jp		2016/08/02 12.46
請求書について		kamura.tetsuro@noc.geidai.ac.jp	2016/08/02 13.00
Re: 請求書について		kamura.tetsuro@noc.geidai.ac.jp	2016/08/02 19.53

図2　メールデータの出力と閲覧

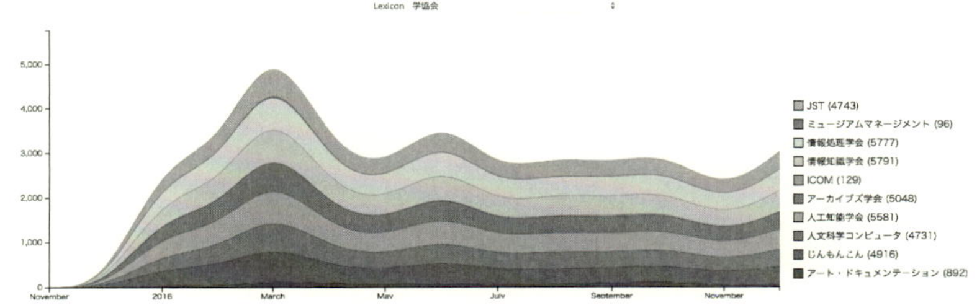

図３　ePADDメニュー画面（上）とメール内容分析（下）

るパーソナルアーカイブの分野で語られてきた。その研究の一環として，スタンフォード大学附属図書館では個人の電子メールを保存して分析するツール ePADD[2)] の開発を行っている。

ePADDは，メール送受信相手との関係や特定の用語を登録することでメール内容を分析・可視化できる。図3の下側は分析の特徴に出版や執筆，研究に関する内容を含むメール数を可視化した図。ePADDは内容分析の他，キーワード検索や添付ファイル一覧からメール内容を見る等の機能がある。

電子メールのアーカイブ対象が個人の場合はメールにプライベートな内容が含まれるため，プライバシー等の観点からデジタルアーカイブ活用には難しい場合がある。組織や個人の記録・記憶に電子メールの保存が必要な場合はこのようなツールの利用も考えられる。

コミュニケーションサービスのアーカイブ

インターネット時代のコミュニケーションツール，Twitterやソーシャルネットワーキングサービス（SNS）は多くの人が利用している情報伝達サービスであり，電子メールと同様にアーカイブ対象になり得る重要な情報源である。とりわけTwitterとSNSの代表とされるFacebook，LINE，Instagramは日本でも多くの利用者がおり，デジタルアーカイブの対象となる情報が多く存在している可能性がある。例えば，ある資料に関するデジタルアーカイブを構築する中で，これらに関連情報が公開されていた場合は公開元が情報源としてアーカイブ対象になるだろう。美術館や博物館が，開催する展覧会やイベントをアーカイブする場合は，これらに関連するツイートや投稿データが対象となろう。また，組織活動を記録・記憶する組織アーカイブの場面では，組織の公式アカウントがSNSに投稿した内容が保存対象になる。実際，多くの図書館や博物館・美術館では，TwitterやFacebookを活用した情報発信を行っている。対象を個人に向けると，電子メールの例に見るように現代の芸術家もオンラインのコミュニケーションツールを多く利用し，そこから作品創造やアイディアの想起に至る重要な情報源となっている。このような現状からも，インターネットで取り交わしたコミュニケーションツールのデータはアーカイブ対象になると考えられる。数あるツールのうちTwitterやFacebookはアカウント保有者が過去の投稿データを一括保存できる機能が用意されているため，本機能を利用することで効率良くデータ保存ができる。Twitterは過去の投稿をPC上に保存して見られるだけでなく，ツイー

tweet_id	in_r	in_	timestamp	source	text
212837264764575744			2012-06-13 09:22:12 +0000	<a href="http://s	午前のまとめに入った. 今回の会議でヨーロッパ圏の文化情報のクラウド化, 情報のオープン化がさらに進むことになりそうだ. 各国における用語や語彙の整備はこれらのところも多い(すべてがEDMで対応するという訳ではない)
212834553696485376			2012-06-13 09:11:26 +0000	<a href="http://s	ツールの開発と基盤情報の整備が早急に必要だ
212829898044211200			2012-06-13 08:52:56 +0000	<a href="http://s	National Linked Data Finland Projectなるものが開始. http://t.co/LPC5aVHr
212829138308968448			2012-06-13 08:49:55 +0000	<a href="http://s	ユーザ側から各ポイントにアノテーションする機能はまだないようだ.
212828000721436672			2012-06-13 08:45:24 +0000	<a href="http://s	地域のイベント情報の他, 文化施設内の展示内容もデータが組み込まれて館内ルートの提示も組み合わさっている <<とらべるさんぽ

図4　保存したTwitterデータの閲覧画面とCSVデータ

ト1件単位に識別子（ID）が振られ，プログラムで扱いやすいCSVおよびJSONデータで保存される。

インターネットを介したコミュニケーションサービスは現代社会の生活基盤に深く浸透している要素のひとつであり，もはやこれらをなくすことはできない状況にある。一方で，そこで取り交わされたコミュニケーションの記録やデータ保存に関しては，サービス単位に異なる保存方法やデータの信頼性，プライバシーなど多くの問題を抱えており，これらは今後のデジタルアーカイブ研究の課題である。　（嘉村哲郎）

注

1）インターネットアーカイブ（https://archive.org/index.php, Accessed: 2016-12-30）

2）ePADD（https://library.stanford.edu/projects/epadd, Accessed: 2017-1-12）

3-2　データアーカイブ

ここでは，社会科学系の一部と科学技術系を中心に取り組みが進んでいるデータアーカイブの最近の動きについて解説する。2017年現在，データアーカイブの定義は一部の領域に限定したものを除けば，まだ厳密には定まっていない。ここでは，研究アイディアの着想から論文や書籍等の研究成果の発信に至るまでに生まれる研究データを当初の研究者が研究を終了した後も保存し，利活用を促進する活動やその活動に基づくデータサービスを指すこととする。

まず，社会科学系のデータアーカイブは，統計データを中心とした個々の調査データの保存と利活用を目的としたものが多い。例えば，日本でも，東京大学社会科学研究所附属社会調査・データアーカイブ研究センター[1)]では，統計調査，社会調査の個票データを収集・保管し，その散逸を防ぐとともに，学術目的での二次的な利用のために提供している。同センターでは，データアーカイブの意義について，二次分析による新しい研究の可能性，個票データの有効活用，新しい調査企画との比較可能性を挙げており，また，関係機関との協力も得ながら，データの秘密保護や誤用の防止などに配慮しつつ，データの提供を行っている。その他にも立教大学にはRUDAと呼ばれる社会調査データアーカイブ[2)]がある。

一方，科学技術系のデータアーカイブは，主に観測系の科学技術データを中心とした，データ取得が時系列的に一度限りで再現が不可能なデータを保存し公開するものと，有機合成化学や遺伝子研究などにおける再検証が可能な実験データを保存公開するもの，そして，化合物の物性値など参照用に保存公開するものとがある。

観測系のデータアーカイブとしては，例えば日本で一般にも知られているものには，かぐや（SELENE）データアーカイブ[3)]がある。月周回衛星「かぐや」が観測した月のデータを科学・教育利用のために公開しており，利用規約に同意をした上で，データの検索と利用が可能となっている。国立極地研究所では，13種のデータベースを専用のサイト[4)]で公開しており，その中の一つ，北極域データアーカイブ[5)]は，大気，海洋，雪氷，陸域，生態に関する観測データと，モデルやシミュレーションの複数分野にまたがるデータの集積・公開を行い，利活用を推進している。

実験系のデータアーカイブとしては，日本にはライフサイエンス系のデータを集積しているバイオサイエンスデータベースセンター（National Bioscience Database Center: NBDC）とライフサイエンス統合データベースセンター（Database Center for Life Science：DBCLS）がある[6]。その共同研究計画[7]によればその目的を「国内外に散在しているライフサイエンス分野のデータやデータベースについて，それらの共有を強力に促進し，公共財として誰もが自由に活用できるようにするとともに，生物種や個々の目的やプロジェクトを超えて幅広い統合化を実現することにより，データがより多くの分野の研究者，開発者，技術者に簡便に利活用できるようにして，データの価値を最大化することを目指すものです。」としている。

物性値のデータアーカイブとしては，例えば，産業技術総合研究所が運営する有機化合物のスペクトルデータベース（Spectral Database for Organic Compounds：SDBS）[8]がある。これは，質量スペクトル（MS），赤外分光スペクトル（FT-IR），2種の核磁気共鳴スペクトル（1H-NMR, 13C-NMR），レーザーラマンスペクトルと電子スピン共鳴スペクトル（ESR）の6種類の異なったスペクトルを1つの化合物辞書の下に収録した総合的なスペクトルデータベースである。これらは所謂リファレンスデータとして，例えば自分が作成した化合物が実際に意図したものであるかどうかを確認するために活用されている。

国際的に見ると，科学技術の国際代表あるいは国際調整などの機能を担ってきた国際科学会議（ICSU: International Council for Science）の直轄事業・組織としてICSU-WDS（World Data System）がデータアーカイブに関する活動を行っている[9]。WDSは2008年ICSU総会で設立されたもので，その前身は2つの国際組織，WDC（World Data Centre）およびFAGS（Federation of Astronomical and Geophysical Services）であり，50年以上継続して科学データ保全事業を行ってきた。これらの組織は国際地球観測年（IGY; International Geophysical Year, 1957-1958年）を機に設立され，当初は地球科学・宇宙科学を中心にしていたが，ICSU-WDSの本来の目標は，その憲章に書かれているように，品質管理された信頼できる科学データを長期間保全することとともに，自然科学から人文社会科学まで，多様な分野について相互運用性をもったデータ共有を進めることにある。

このように，科学技術系を中心にデータ共有自体は長く活動が進んできた中で，現在データアーカイブに注目が集まる背景には，Webの発達，情報通信速度やデータ保存容量の飛躍的な発展によって，以前より圧倒的に多量の情報を容易に公開し利活用することが可能となったことがある[10)]。特に，これまでの研究成果の中心を担ってきた論文や書籍は，紙面という伝えられる情報量が限られたメディアを使い，研究の成果のエッセンスを伝えることを目的としてきた経緯がある。そして，紙面のメディアと比較して圧倒的に大容量の情報を様々な形式で伝えられるWebの特性を活かし，論文や書籍に付随するデータや研究の過程のデータも公開して利活用を促進することによって，研究活動の効率化や新しい研究テーマにつながりやすくなった。さらに，研究データの公開そのものも研究成果の発信として認め，評価に繋げる動きが出始めている。ときに当初の研究データを生み出した研究者が想定しない利用によって新しい研究成果が生まれることもあり，これまでにない研究スタイルを生み出そうともしている。2017年現在,「オープンサイエンス」をキーワードとして世界各国において，公的資金で得られた研究成果についてはなるべく障壁のない利活用を促しイノベーションを加速する政策[11)]が検討されており，現在研究データの利活用に注目が集まっている。日本でも第5期科学技術基本計画[12)]にオープンサイエンスの推進が明記されており，その元となる内閣府の報告書[13)]では「オープンサイエンスとは，公的研究資金を用いた研究成果（論文，生産された研究データ等）について，科学界はもとより産業界及び社会一般から広く容易なアクセス・利用を可能にし，知の創出に新たな道を開くとともに，効果的に科学技術研究を推進することで イノベーションの創出につなげることを目指した新たなサイエンス」としている。実際，前述のDBCLSでは，データを活用するソフトウェアの公開や，ワークショップの実施など，データの利活用をより意識した取組も行っている。そして，データ統合・解析システムDIAS（Data Integration and Analysis System）は，地球規模／各地域の観測で得られたデータを収集，永続的な蓄積，統合，解析するとともに，社会経済情報などとの融合を行い，地球規模の環境問題や大規模自然災害等の脅威に対する危機管理に有益な情報へ変換し，国内外に提供することにより，我が国の総合的な安全保障や国民の安全・安心の実現に資することを目的として運営されている[14)]。このような動きの中で，データアーカイブは，新しい知と産業の創出を支える重要な基盤[15)]となっていくことになる。

（林和弘）

注

1)『東京大学社会科学研究所附属社会調査・データアーカイブ研究センター』(http://csrda.iss.u-tokyo.ac.jp/)

2)『RUDA』(https://ruda.rikkyo.ac.jp/dspace/)

3)『かぐや(SELENE)データアーカイブ』(http://l2db.selene.darts.isas.jaxa.jp/)

4)『国立極地研究所 データベース』(http://www.nipr.ac.jp/database/index.html)

5)『北極域データアーカイブ』(https://ads.nipr.ac.jp/portal/)

6)『ライフサイエンス統合データベースセンター』(http://dbcls.rois.ac.jp/about)

7)『NBDC/DBCLS共同研究計画』(2014/6/2 発表資料PDF, http://dbcls.rois.ac.jp/wp-content/uploads/2014/06/20140602-NBDC-DBCLS.pdf)

8)『有機化合物のスペクトルデータベース』(SDBS http://sdbs.db.aist.go.jp/sdbs/cgi-bin/direct_frame_top.cgi)

9) 村山泰啓, 林和弘「オープンサイエンスをめぐる新しい潮流(その1)科学技術・学術情報共有の枠組みの国際動向 と研究のオープンデータ」(『科学技術動向』146, 2014年, 12-17頁, http://hdl.handle.net/11035/2972)

10) 林和弘「オープンアクセスとオープンサイエンスの最近の動向:ビジョンと喫緊の課題」(『表面科学』Vol. 37 (6), 2016年, 258-262頁, http://doi.org/10.1380/jsssj.37.258)

11) 林和弘「世界のオープンアクセス.オープンサイエンス政策の動向と図書館の役割」(『カレントアウェアネス』324, 2015年, 15-18頁)

12)「第5期科学技術基本計画」(http://www8.cao.go.jp/cstp/kihonkeikaku/index5.html)

13)「「国際的動向を踏まえたオープンサイエンスに関する検討会」報告書:我が国におけるオープンサイエンス推進のあり方について 〜サイエンスの新たな飛躍の時代の幕開け〜」(http://www8.cao.go.jp/cstp/sonota/openscience/index.html)

14)『データ統合・解析システムDIAS (Data Integration and Analysis System)』(http://www.diasjp.net/)

15) 林和弘「オープンサイエンスが目指すもの:出版・共有プラットフォームから研究プラットフォームへ」(『情報管理』Vol. 58, 2015年, 737-744頁, http://doi.org/10.1241/johokanri.58.737)

II　デジタルアーカイブをつくる

1　運営管理

1-1　デジタル化に係る経費

デジタル化に係る経費は，デジタルアーカイブの性質によって大きく異なってくる。日本においてデジタルアーカイブと言った場合，多くの場合，文化・科学等にまつわる様々な資料やデータを保存・公開することを重要なミッションとしている組織・団体等が，それらの資料をデジタル化（ここでは便宜的に，現物資料をデジタル化したデジタルデータをデジタル代替物と呼ぶ）してWeb公開したものがデジタルアーカイブと呼ばれていたようだったが，近年は，さらに，コンテンツを持たない検索ポータルのようなものもデジタルアーカイブと呼ばれることになっているようである。しかし，両者はシステム構成も構築・維持のための仕事もそれに要する人員のスキルも異なる面が大きい。本節はデジタル化に係る経費をテーマとしているので，特に前者を念頭に置いて述べてみたい。

デジタル化に係る経費と言っても，デジタルアーカイブ全体の経費や人員，背景となる制度等のシステム全体のなかで考える必要がある。具体的に挙げてみると，デジタル代替物作成のための費用，Web公開のためのハードウェア・ソフトウェアを含めた導入・設定の費用，それを便利な形でWebから見えるようにしておく費用，それに加えて，それを構築し維持していくための人件費・研修費等も含めた全般的な費用，といったあたりになるだろう。さらに，Web技術の進展やハードウェアの老朽化，ソフトウェアのアップデート等に伴って，システム更新の費用もいずれは見込んでおく必要があるだろう。あるいは，クラウドサービスのようなものを利用すれば，システムに関しては月々・あるいは年額で支払い続けることで対応できる場合もあるが，これもクラウドサービスの継続性を念頭に入れる必要がある。さらに，最近では，デジタル代替物の作成も含めて全般的に面倒を見てくれるサービスを提供する企業もあるので，そういったところにすべて委ねてしまうという手もあるだろう。

限られた予算のなかでどこに多くをかけるのか，と考えるなら，デジタル化，すなわちデジタル代替物の作成にはある程度多くの費用をかけておくのがよいと思われる。というのは，公開に関わるシステムや技術は日進月歩であり，5年も経てば陳腐化してしまい，10年経てば動作すら困難になっていることも少なくない。さらに言えば，近年は，IIIF（54頁参照）の登場により，極端に言えば，公開機関は検索システムなどを用意しなくてもIIIFに準拠したデータ公開をしておくだけでもよい，という状況を迎えつつある。そのような状況では，公開に関わる部分に多額の費用を投入するのは得策ではないだろう。一方，デジタル代替物の寿命は，それよりはずっと長い。そして，一度デジタル撮影・記録などをしてしまったら，その資料が貴重であればあるほど，それを再度実施することは困難になる。同じような仕事に何度も予算を付けることも難しい。結果として，一度デジタル化された資料は必ずしもうまくいったものでなくとも，かなり長い間そのまま使われることになる。

では，後々に長く使えるように最新鋭の機材と技術でデジタル化をすればよいのかと言えば，必ずしもそうではない。その部分に費用をかけすぎることで，デジタル化できる分量が減ってしまったり公開系システムやその後の運営費用や使い勝手等，他の部分にしわ寄せがいってしまったり，あるいは販売するものであれば，利用者が購入に二の足を踏んでしまうような価格になってしまったりすることは極力避けたい。あくまでも，コモディティ化された技術のなかで最新のものを選択することを心がけたい。ただし，利用目的によっては，非常に凝ったデジタル化手法が必要になる場合もあり，その場合は多少費用がかさむこともやむを得ないかもしれない。たとえば，活字で印刷された本の本文が読めればよいという程度であれば解像度で言えば400dpiで十分だと思われる上に，無償ボランティアによる協力体制の構築といったこともあり得るが，逆に訓点資料のように微細な情報が必要だったりするとかなり高い解像度だけでなく照明のあてかたまで工夫が必要となり，それに伴う人件費がかかることになる。3D画像や動画等のデジタル化においても同様に求める質に応じて費用が決まってくる。参考までに，東京大学総合図書館所蔵萬暦版大蔵経（嘉興蔵）デジタル版では，明代の木版本を，専門企業に8000万画素カメラを用いてカラー撮影するよう依頼し，1枚あたり104円であった。

さて，デジタル代替物の作成においては，資料そのもののデジタル化に加えて，重要なもう一つの要素として，様々な付帯情報がある。画像データや音声データだけでも一応検索等の処理はできるようになりつつあるとは言え，それだけで十分に資料の情報を確認できるわけではない。現状のデジタルコンテンツでは，テクスト・画像・音声・映像等，いずれのデータ形式においても付帯情報としてのメタデータは欠かせない。付帯情報の作成に際しては，まず，活字化された所蔵品の目録情報などがあれば，それはほぼそのままメタデータの主要部分になるかもしれない。すでにデジタルデータになっていればかなり安価かつ容易にメタデータとしての利用が可能になる可能性があり，紙媒体だったとしてデジタル化に際してはそれほど高度な専門知識は必要なく，通常のテクスト入力作業に近い形での予算計上が可能だろう。しかし，そういったものが存在しない場合，一から現物やデジタル代替物等を確認しながらメタデータを作成・付与しなければならず，対象資料についての専門的な知識が必要となり，それに伴う予算の計上・担当者の割当てなどが必要となる。ただし，特にデジタル画像の場合，デジタル画像を作成した後の方が，ネットワーク上・Web上での協働作業が可能になり出庫等の手続きも必要なくなり，破損などの心配をする必要がなくなる等，現物を扱うよりも作業しやすい面があるため，機械的につけた番号で同定できるようにした上で（あるいはさらに現物を見なければわからない情報だけを注記してから）先にデジタル化をしてしまって，デジタル画像をみながらメタデータを付与していくという方法もあり得る。現物資料にあたらずにメタデータをつけることによる問題はあり得るものの，人件費の抑制や作業者確保等に効果が期待できる場合もある。

これに加えて，メタデータの利活用性を高めようとするなら，メタデータが既存の語彙セット等の中に何らかの形でマッピングし得るどうかを確認し，可能ならマッピングすべきである。ただし，これには専門的知識を持った人材が必要であり，デジタルアーカイブの専門スタッフがいない場合にはそれに応じた予算を講じる必要がある。

付帯情報として重要なものとしては，文章を含む資料のデジタル翻刻テクストも検討したい。デジタル翻刻テクストがあれば検索性が極めて高まるが，入力作業だけでなく校正作業も必要となるため，効率的に仕事を進めるためのワークフローや作業者への謝金支払いも含め，様々な検討が状況に応じて必要となる。これも外注することは可能だが，OCRが適用可能かどうか，で費用がかなり異なり，OCRを適用した場合，その後どの程度校正を行うかを予算次第で決めることになる。なお，メタデータに関しても同様だが，校正や検収を容易にするためにはJIS第一・第二水準までのような形で利用する文字を制限した方がチェックする表が小さいので安価になるという企業と，IVSも含めてUnicodeにフル対応して細かな異体字もきちんと対応した方が異体字包摂表を作成したり参照したりするコストが下がって安価になるという企業がいるので，用途に応じて，企業選定も含めてよく検討する必要がある。細かな異体字への対応は，利活用の幅が広がることが期待される一方，異体字マッピングテーブル等を用いて後からより一般的な字形に統合することもできるので予算が許せばぜひ前向きに検討されたい。また，テクストデータの構造記述も可能である場合には，TEIガイドラインを参照することを推奨する。

デジタル化にしてもメタデータ等の付帯情報の作成にしても，配慮が必要なのは，「何を記述し，何を区別したいか」であり，それらを整理してそれをきちんと反映させることが重要である。その上で，国内外の標準規格やそれに類するものがあれば，準拠させることを前提に検討することが望ましいが，一方で，それらが格納されるデータベース等の情報システムがすでに決まっている場合には，そことの兼ね合いも考慮する必要がある。基本的にはディスク容量，ネットワークの帯域幅，サーバの処理能力，全体のデータ量，入力・検索可能なメタデータの種類・フォーマット，といったところだろう。とは言え，本来なされるべき知の蓄積が，5年後には使えなくなるかもしれない情報システムの事情に左右されてしまうというのもやや本末転倒な感じがある。そのような場合，元データは好ましい形式で作成して保存しておいた上で，公開用のシステムにはそれに適したデータ形式に変換して掲載・公開するという手もあるだろう。たとえば，大容量の高精細画像を撮影することが可能であり将来的に高精細画像の要望が高まることが予想されるが現在の公開用システムでは大容量すぎて掲載できないという場合，高精細画像はきちんと保存しつつ，公開用にはその画像を圧縮したものを作成してWebに掲載する，といった案配である。（永崎研宣）

経費：参考事例（本書編集委員会作成）

ここでは，デジタルアーカイブ活動に必要な費用の参考例を紹介する。表1の「イベント系アーカイブ」は，舞台や演奏会等の撮影記録とデータ化に係る費用例である。運営費は，映像や音声データ公開のためのWebサービスの利用料と著作権管理楽曲を扱う際に必要な包括契約料が含まれている(著作権使用料は法人格，取扱い数により変動)。人件費は，実際に現場で録音・録画をするスタッフ，公演に関する出演者や演題情報をテキスト化および権利チェックするデータ化スタッフ，記録したデータを編集・加工して公開を行うデータ整理スタッフの最低3名以上の人員を費用に計上している。

表1　イベント系アーカイブの例

用途別	内容	費用内訳	時間数(月)	単価	月額費用	年間費用
運営費	有償の映像配信Webサービス。自前で配信サーバを必要としない。違法ダウンロードを防ぐ仕組みや公開アドレス制限等セキュリティ制御機能付き。	有償アカウント3個		¥6,000		¥18,000
運営費	有償の音声データ配信Webサービス。ストリーミング配信による違法ダウンロード防止付き。	有償アカウント1個		¥9,500		¥9,500
運営費	JASRAC管理楽曲をインタラクティブ配信する際の年間包括利用料。	J-TAKT		¥50,000		¥50,000
人件費	週1回程度，年間約70回のイベントの記録とデジタル化，配信・公開。イベント映像の配信・複製（権利処理含む）・Webサイト更新・管理。	リーダー	75	¥2,800	¥210,000	¥2,520,000
人件費		映像・音声記録，デジタル化専門員	80	¥1,300	¥104,000	¥1,248,000
人件費		データ変換，配信，データ整理要員	30	¥5,100	¥153,000	¥1,836,000
						¥5,681,500

コラム

「資料系アーカイブ」は，企業等の組織内の記録文書やデータ整理の他，資料利用の問合せ対応等の文書管理の業務を担う。資料系アーカイブは，組織内で移管されてきた文書類の他に一般からの寄贈資料の受入も業務範囲となる。過去の文書資料の多くは紙媒体であり，これらの目録作成やデジタル化に係る人件費が多くを占める。最近の業務文書はデジタルデータで作成されていることから，デジタルデータの記録管理と目録化も求められるだろう。

表2　資料系アーカイブの例

用途別	内容	費用内訳	時間数（月）	単価	月額費用	年間費用
運営費	保存用ケースやファイル，研究用文献等			¥200,000		¥200,000
	研究会や他の機関への調査旅費			¥100,000		¥100,000
人件費	・寄贈資料の受入，利用者対応，問合せ ・目録作成 ・資料デジタル化と情報公開 ・研究，調査	リーダー	75	¥2,800	¥210,000	¥2,520,000
		資料調査・研究員	20	¥5,100	¥102,000	¥1,224,000
		資料デジタル化，目録化等専門員	48	¥1,300	¥62,400	¥748,800
		アルバイト	48	¥1,000	¥48,000	¥480,000

¥5,272,800

「アーカイブプロジェクト管理・運営費」は，活動に必要な物品購入や，取材や調査に必要な交通費処理，依頼状送付などプロジェクト全体の事務的役割を担う予算である。この例では，デジタルアーカイブに必要な情報システムのメンテナンスやWebサイトを用いた広報担当の人件費が含まれている。

表3　アーカイブプロジェクト管理・運営費の例

用途別	内容	費用内訳	時間数（月）	単価	月額費用	年間費用
人件費	事務処理	事務員	120	¥1,000	¥120,000	¥1,440,000
	権利処理関係	専門員	20	¥5,100	¥102,000	¥1,224,000
	サーバ，データベース，Web構築等，情報システム関連要員	専門員	75	¥2,800	¥210,000	¥2,520,000

¥5,184,000

「情報システム・機材費」は，デジタルアーカイブの活動に必要なデータ保管用のストレージシステムや作業用コンピュータ，スキャナー，カメラ，編集ソフトウェア等の物品費である。ストレージやサーバシステムの構築や保守を別途外注する場合はこれらに構築・保守費用が加算される。

表4　情報システム・機材費の例

用途別	内容	費用内訳	時間数（月）	単価	月額費用	年間費用
プロジェクト開始時の購入物品	その他備品・消耗品類			¥200,000		¥200,000
	作業用コンピュータ，ディスプレイ6台分			¥250,000		¥1,500,000
	フラットベッドスキャナ1台			¥250,000		¥250,000
	サーバ基盤（仮想化基盤システム）1台			¥400,000		¥400,000
	デジタルデータ用ストレージ（45TB）（2017年3月時点）			¥550,000		¥550,000
	バックアップ用ストレージ（45TB）			¥550,000		¥550,000
	24TBの場合は1台25万円程度で構築可能（2017年3月時点）					
※公開サーバやストレージは，外注せずに内部で構築する場合の物品価格						¥3,450,000

デジタルアーカイブに係る経費は，参考事例に見られるように，予算の大半が記録や調査，デジタル化等データ整理に関連する人件費に費やされる。

（編集委員会）

コラム

国際的な画像の相互運用規格IIIF

Webで高精細画像を見る時は，それぞれの画像の公開サイトにアクセスして閲覧するものであり，様々なサイトのそれぞれの検索の仕方や画像の拡大縮小等を一通りマスターしているのが上級者である。Webで高精細画像を公開する際には，企業に発注して納入してもらったシステムに載せて公開するものであり，さらに，多少の独自性を出すことも必要である。もし，他のサイトで公開されている画像と相互に見やすくしたりするためにはかなり大きな手間（＋費用）をかけてサイト毎に連携の仕組みをそれぞれ作っていかなければならない。

IIIFではこれを「画像がサイロに閉じ込められている」状態であるとし，そのような不便さを解決することでよりよい環境をもたらすことを志向した。その結果至ったのは，サイト内に蓄積された画像やそれに付与された様々な情報を外部から一定のルールで取り出し共有できるようにする，という枠組みである。それを実現するためにすべきことは，それらのデータを外から取り出せるようにするためのルール，すなわちAPIの策定と，そのAPIを多くの機関が採用することである。IIIFと呼ばれるこの枠組みは2012年頃から着実に進められ，2015年6月にはこの規格を推進普及していくためにIIIF協会が設立され，現在では海外の多くのデジタルアーカイブがIIIFに対応するに至っており，国内でも徐々に広がりを見せている。

IIIFが急速に広まった理由はいくつかあると思われるが，なかでも，ごく初期の段階から，英国図書館，オックスフォード大ボドリアン図書館，フランス国立図書館，ノルウェー国立図書館，スタンフォード大学，コーネル大学等，有力な機関が世界各地から幅広く参加していたということがあり，一方で，Web Annotationと呼ばれる流行のWeb技術をうまく取り込んで規格を作ったために開発者が参加しやすかった，ということも理由として挙げられるだろう。そういったことを踏まえつつも，やはり大きな理由は，個別のサイロを作り込み続けることにこれ以上のコストをかけるよりは，むしろ，コンテンツをもっと広く使われるようにすることに注力すべきだ，という課題設定に共感する開発者や機関が多かったことであったように思われる。特に欧米の先進国ではデジタル文化資源をメインの仕事とする情報技術者が増えてきており，そうした人々がデジタルアーカイブ公開機関に雇用されてそれぞれに利活用の責任を担いつつ開発や実装に取り組むようになってきている。そうした人々の構想するデジタル文化資源のより良い未来と，その一方で抱く危機感にもうまく応えたのがIIIFであった，ということのように思われる。

さて，IIIFがどのようなものかと言えば，複数のAPIによって構成される規格であり，現在広く使われているのは，4つのうちの二つ，Image APIとPresentation APIである。Image APIは任意の状態の画像をブラウザが自由に取得できるようにする仕組みであり，縮小・拡大・部分切り出し・回転・グレー化など，サーバに画像を要求する際にURLで様々な指定ができるようになっている（図1）。

Presentation APIは，Image APIで取得できるようになった画像を並べて一

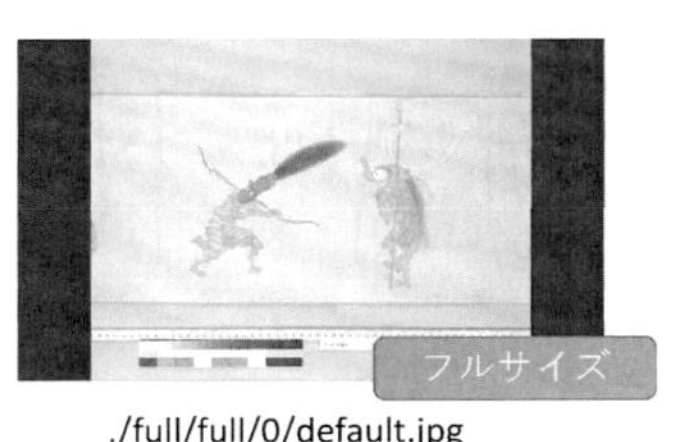

./full/full/0/default.jpg

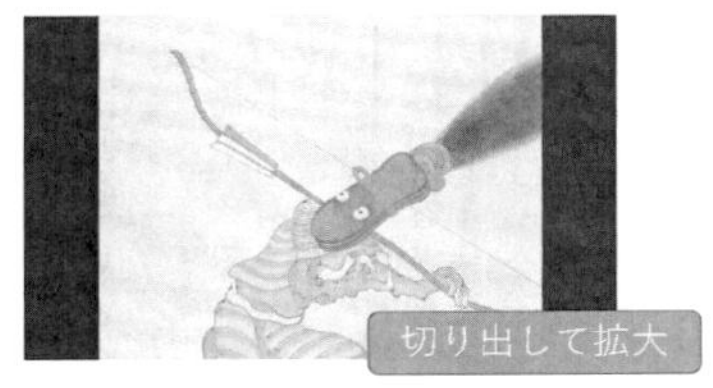

./1700,2000,2500,2000/!2000,2000/0/default.jpg

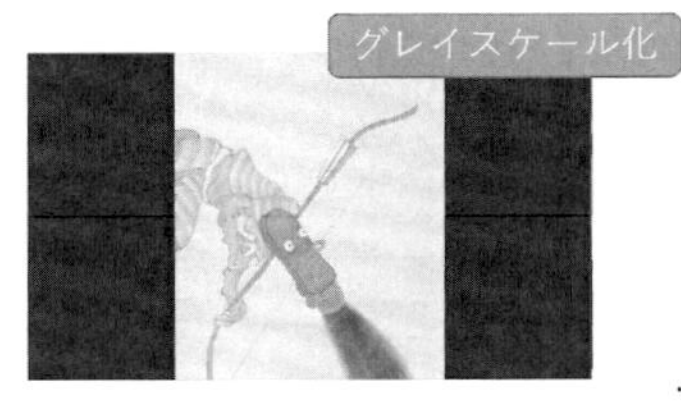

/1700,2000,2500,2000/!2000,2000/90/gray.jpg

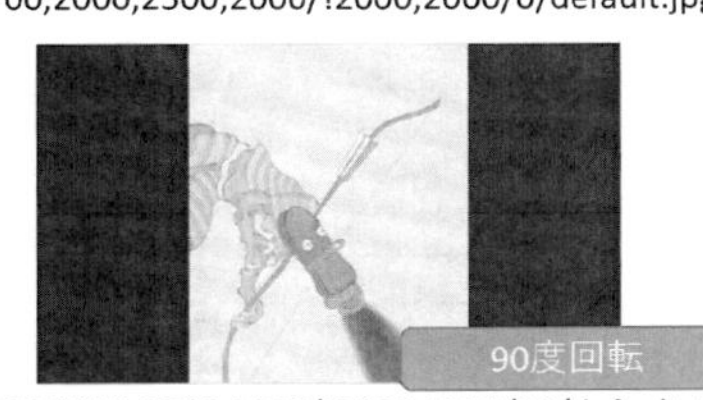

./1700,2000,2500,2000/!2000,2000/90/default.jpg

図1　IIIF Image APIでのURLによる画像操作
※画像は国立国会図書館デジタルコレクション及び国デコImage Wallより

つの資料として記述し，これをmanifestファイルとして共有できるようにするものである。このmanifestファイルは，共有キャンバス（Shared Canvas）という概念に基づいており，一つのキャンバスに画像やテクストアノテーショ

コラム

ン等が付与され，そのキャンバスの集合が一つの資料ということになっている。古典籍で言えば一つ一つの頁画像がそれにあたることになる。これを記述するにあたっては，Webでは現在広く用いられているJSON-LD形式が採用されており，既存のシステムやツール類との親和性が高く，現在のWeb技術において扱いやすいものとなっている。

以上の二つが先行して開発されすでに広く普及している一方で，他の二つ，Search APIとAuthentication APIはまだそれほど普及しているわけではないようである。なかでも後者は認証のための仕様であり，現在のオープンデータ化の流れとは逆行することになるが，たとえ有償であっても利便性の高い使い方が可能になるべきだという考え方は状況によっては十分に納得できるものである。

では，このImage APIとPresentation APIによって何がもたらされているのか，ということを見てみよう。Image APIは，サーバ上にある画像をサーバ側で操作してブラウザ側で受け取ることができるため，たとえば，画像にタグ付けられた断片を検索表示したり，画像の一部を取り出して分析システムにかけたりするといった活用方法が考えられる。Image APIは，IIIFの規格全体の中ではPresentation APIから画像を利用するために機能しているが，Image APIのみで活用することも可能であり，たとえば，これを利用して画像の検索結果を表示するシステム（図2）や変体仮名を読み取るシステム等がすでに公開されている。

Presentation APIは，manifestファイルを通じて個々の画像やアノテーションを内外のシステムから直接アクセスできる機能を提供する。IIIF対応のWebビューアはいずれもこのmanifestファイルを読み取って適宜画像をWebブラウザ上に配置し，必要に応じてサイズや切り出し位置の調整なども行うことになる。その結果，たとえば図3のように，各地の画像をブラウザの一つの画面に並べてアノテーションを表示させつつ同時に操作するといったことも可能になる。

IIIFは，外部から個々の画像やそれに対するアノテーションを直接取り出して操作できるようにするAPIとして提供されている。原稿執筆時点でも，フランス国立図書館，オックスフォードボドリアン図書館，ハーバード大学図書館，スタンフォード大学図書館，ヴァティカン図書館等ですでに導入されておりIIIF対応Webビューワで取得・表示することができる。さらに，

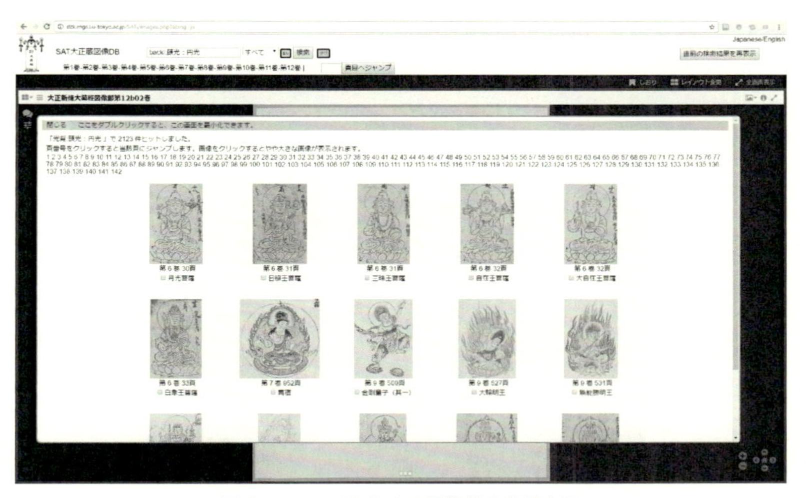

図2　Image APIによる画像検索結果表示

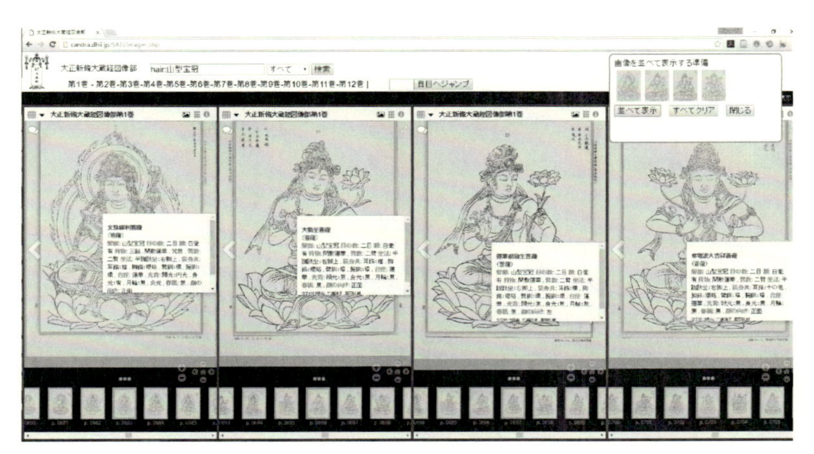

図3

コラム

EuropeanaやDigital Public Library of Americaなど，デジタルアーカイブのポータルサイトでは，参加機関がIIIFに対応している場合，ポータル側では画像を持たなくとも，ポータルの画面上でその画像を拡大縮小するなどして操作できる仕組みをすでに提供している。このように，今や，デジタルアーカイブの連携を考える上で，IIIFは避けて通れないものとなっている。

IIIFは，外部から容易にコンテンツの詳細にまでアクセスできるようにする規格であるため，IIIF Curation Viewer（人文学オープンデータ共同利用センター）やOmeka IIIF Toolkit with Mirador（トロント大学図書館）など，様々な観点からこれを活用したソリューションが世界中で開発されつつある。IIIFのコンテンツを作成するためのソリューションはすでにあちこちからフリーソフトで公開されつつあり，とりわけ，アノテーションを付与するためのツールは枚挙にいとまがない。アノテーションはWorld Wide Web協会（W3C）のWeb annotationに準拠しており，Web annotationの規格の普及に沿う形で，今後，おそらくは様々な利便性の高いツールやシステムが開発・公開されていくことだろう。もちろん，IIIFに対応する形でコンテンツを公開しておけば，こういったシステムやプロジェクトに自在に取り込んでもらえることになる。IIIF対応での公開は，たとえばフランス国立図書館が行っているように，自前のインターフェイスを持ちつつ，別のアクセス方法としてIIIF対応でのアクセスを可能にするという形でも対応できる。その仕方であれば，既存のデジタルアーカイブでも対応が比較的容易だろう。具体的な対応の仕方については，筆者のブログにて手順も含めて詳述しているので参照されたい。

一方で，IIIFの採用は，画像公開機関の存在感を弱めてしまうかもしれないという懸念を持つ向きもあるようである。これは，むしろコンテンツの性質によるところが大きい。たとえば，来歴情報を必要とするような資料をデジタル化・公開した場合には，その所蔵機関の存在感は，IIIFを採用して利活用可能性を高めることで，たしかに強まっていくだろう。しかし一方，少なくない数の複製が存在するものをデジタル化公開した場合や，あるいは，その資料の所蔵機関ではないところが公開した場合には，その公開者・公開機関の存在が顧慮されにくくなるという現象は生じる可能性がある。IIIFの採用にあたり，その点には留意しておく必要があるだろう。

IIIFは，Webの標準規格を策定するW3CにおけるWeb Annotationという規格の代表的な活用例として位置づけられるものとなりつつある。すなわち，Web上での注釈という形で様々なコンテンツを関係づけていくことを目指すという流れの一環として位置づけられるものであり，上述のテクストアノテーション-画像-キャンバス-資料という関係もWeb Annotationのルールに従って関係づけられている。動画や音声，3D画像等についてもこの中に取り込まれていく予定である。そして，個々の要素同士も外部から関係づけることが可能であり，さらに翻刻やOCR等のテクストも個々の要素に対してリンクできる。IIIFに準拠してコンテンツを公開することで，デジタルアーカイブのコンテンツは利活用可能性を飛躍的に高めることができるようになるのである。ではすべてのデータが公開されてしまうのかと言えば決してそうではなく，状況に応じて閲覧者を適切に制限するためのAuthentication APIも仕様として策定されている。

IIIFの対象は，始まりは西洋中世写本だったが，すでに，新聞記事，絵画，A/V，3D画像，様々な分野に広がりを見せつつあり，最近では科学データをも対象にしたコンテンツもある。現在の状況は，Webを中心とした情報流通の新しいステージがまさに形成されつつあるところであると言っていいだろう。デジタルアーカイブがそれに対応しようとするとき，IIIFに準拠することでその動向に対応できるのであれば，これまでになく低コストであり，かつ，利活用の可能性は極めて高くなる。作ったものが活用されない，という現状を改善する上で，IIIFは今後大きな役割を果たしていくことだろう。

（永崎研宣）

参考資料等

IIIF公式サイト（http://iiif.io/）
IIIFに関する日本語情報の私的なまとめ（http://digitalnagasaki.hatenablog.com/iiif）
永崎研宣「デジタル文化資料の国際化に向けて：IIIFとTEI」（『情報の科学と技術』67（2），2017年2月，61-66頁，http://researchmap.jp/?action=cv_download_main&upload_id=125135）

1-2　システム構築及びメンテナンスにかかる経費

デジタルアーカイブのシステムでは，システム構築にかかる初期費用と，システムが稼働している間，継続的に発生するメンテナンス経費の2つの費用を考える必要がある。

本節では，それぞれの費用の内訳を解説していく。

システム構築の費用（初期費用）

①サーバ機器

サーバの調達では，サーバ機器を購入してシステムを公開する方法（オンプレミス）とインターネット上にあるサーバを契約して利用する方法（クラウドサービス）がある。

オンプレミスで進めた場合は，機器の購入代金と利用する期間の保守を契約して購入する形になる。保守契約はスポットで対応する方法もある。オンプレミスでは，サーバの仕様，構成を作る必要があり，一度購入したサーバ機器は容易に交換ができないため最初にCPUのスペック，ディスクの容量，メモリの容量を見積もった上で組む必要がある。また，ディスク容量については，将来のデータ増加量を考慮して余裕を持って見積もりが必要である。デジタルアーカイブでは画像サイズの1つ1つが大きいためディスク容量の見積もりは注意が必要である。あるいは，サーバのディスク増設ができるような構成にして，ディスクの容量が足りなくなる前に増設するという方法もある。

一方，クラウドサービスで契約した場合は，サーバの利用時間（分単位，日数単位，月単位，年単位など）に応じて，支払う形となる。つまり，利用した分だけ支払う形となる。クラウドサービスの場合は，ディスクの増設が比較的容易なことが多く，増設した分の金額が必要となるが，最初は最低限のディスク容量で契約をして，あとから追加していくような形がとりやすい。

なお，クラウドサービス会社によっては，データの転送量によって課金される場合があり，同じ時間を利用してもデータ転送量で金額が変わるため注意が必要である。このような従量課金の契約で進めている場合，必ずしも毎回同じ金額が請求されるわけではないので注意が必要である。

クラウドサービスは，初期費用として一括で支払うことは難しく，利用した分だけ支払う後払いが基本となる。このため，初期費用として一括で計上できるわけではないため，毎年の予算確保が必須となる。クラウドサービスは安価になってきており，サービスの継続性を考えていく上では検討を進めるべきである。

②デジタルアーカイブを構築するソフトウェア

デジタルアーカイブの機能を実現するソフトウェアは，オーダーメイドでシステムを開発する方法とパッケージ製品を購入する方法がある。

一般的にはオーダーメイドで開発する方が費用がかかる。その代わり提供したい機能に応じたシステムが構築できる。しかし，ユーザー側も業者に対応した要件の説明，出来上がったソフトウェアのテストなど負担が大きく，リリースまでのスケジュールも長く必要となる。実現したい機能と予算，スケジュールに合わせての選定が必要となる。

なお，オーダーメイドではないが，CMS（コンテンツ・マネジメント・システム）を利用した形でシステムを構築すると，オーダーメイドよりは安価に，そして実現したい機能が多く提供できる。

また，デジタルアーカイブで重要な機能としては画像の表示機能（画像ビューワ）が上げられる。画像ビューワには，画像の印刷可否，拡大・縮小，回転，2つ以上の画像の比較機能など，必要な機能を十分に吟味して対応するソフトウェアを選定することが必要である。

昨今，サーバ機器とデジタルアーカイブのシステムを組み合わせ，クラウドサービス上で利用できる形態が出てきている。契約後にすぐにデジタルアーカイブの基本的な機能が利用可能となり，お手軽に始められる。ただし初期構築する場合は，データの一括登録が必要であり，必ずしもサービス利用料金だけでは済まない可能性があり，事前に提供しているベンダーに確認が必要である。

メンテナンス経費

①サーバ機器のメンテナンス経費

オンプレミスで運用する場合は，サーバ機器を数年間の保守契約，あるいはスポット契約のどちらにするかを選択する必要がある。スポット契約は，故障しなければ低コストになる可能性があるが，故障時の費用を考えるとどちらがより低コストになるかは予測が難しい。こればかりはハードウェアの個体差に左右される。また，オンプレミスでサービスを提供した場合は，サーバ運用のために見えない経費も考慮しておく必要がある。例えば，法定停電の対応作業，故障時の原因切り分け作業など，費用として計上されないが，作業によるコストが発生する認識が必要である。

一方，クラウドサービスであれば，利用した分のみ支払う形態となり，基本停電やハードウェアの故障の心配がなく，サービスをノンストップで運用できるというメリットがある。ただし，クラウドサービスを完全に信頼するのではなく，バックアップは自身が管理できる形で保持しておく事が望ましい。クラウドサービスと言えども，将来に何が起こるかわからないという認識が必要である。

②ソフトウェアのメンテナンス経費

デジタルアーカイブを構成するソフトウェアは，その機能自体を提供するソフトウェアとシステム全体を運用する上で必要となるソフトウェアの両方についてメンテナンスを考慮する必要がある。インターネット上にシステムを公開している場合は，セキュリティに対して十分考慮する必要があり，この費用は無視できない。

インターネット上のサーバは日々攻撃にさらされており，セキュリティの確保と適時リリースされる修正ソフトウェアをインストールしていく必要がある。これを怠ると簡単にサーバは乗っ取られてしまう可能性がある。

さらに，サーバ上のソフトウェアの脆弱性を突かれ，他のサーバを攻撃する踏み台に利用される場合がある。このため，システムを公開している期間は，セキュリティを確保するためのメンテナンス経費は計上しておく必要がある。

ソフトウェアの責任範囲については，保守する業者と調整の上，契約書を交わしておくことが必要である。契約を結ぶ際には，システム全体がどういった構成で動作しているか，その責任分担について理解が必要である。

さらに24時間365日のシステムであれば，緊急時の対応（例えば，ソフトウェアの重大な障害）についても取り決めが必要である。インターネットに接続していると，発見された障害はすぐに悪用される可能性があり，危険度に応じて対処できるまでのタイムラグについて確認が必要である。

（井村邦博）

1-3　仕様書の書き方

仕様書とは

仕様書とは一般的には発注元の要求事項の集まりを記載したものであり，仕様書を作成する最大の目的は，納品物や実施する作業自体を明確化することである。そのため，仕様書内での用語の統一や，読み手によって解釈が分かれるような曖昧な文言で記載することを避ける，項番をつける，必要に応じて補足資料をつけるなど，体裁や書き方に注意する必要がある。また，すべての作業段階，項目について細かく規定することも可能であるが，作業開始後の様々な問題に柔軟に対応できるよう，また，外部業者の知見を取込むことができるように，規定の粒度のバランスも考える必要がある。

仕様書に必要なこと

①仕様書を考える前段階

仕様書は基本的にデジタルアーカイブ計画がほぼ固まった段階で作成されるべきである。プロジェクトの目標，対象資料とその特徴，デジタルデータを提供するデジタルアーカイブのサービスイメージ，プロジェクトの予算や人的コストなどが未確定であれば，具体的な要求事項を詰めていくことは難しい。また，他機関の仕様書を参考にする場合でも，計画そのものが流動的だと，その仕様書の個々の要求事項についての取捨選択や，対象資料の特徴に応じて書き換え等の調整ができず，単にコピーしただけになってしまうだろう。

②仕様書作成の検討ポイント

仕様書の検討で重要なことのひとつは，まずは全体の大きな流れを考え，その流れに沿って，規定が必要な項目や仕様書の体裁を検討するということである。例えば，自機関のデジタルアーカイブの基本的な前提を踏まえた質問形式で必要な事項を挙げていくということもできるだろう[1)]。Web上にはさまざまなガイドラインが公開されている[2)]が，それらの内容を踏まえると下記のようなポイントが浮かび上がってくる。

- ・外部業者に求める条件（資格・経験）
- ・対象資料の事前確認

・搬出，搬入
・作業場所
・対象資料の保管体制
・対象資料の取扱い方
・対象資料の解体の有無とその方法
・デジタル化作業で使用する機材（機材の使い方を含める）
・デジタルデータの品質レベル
・デジタルデータの加工
・デジタルデータのメタデータ（保存，管理用のデータ）
・デジタルデータの納品ファイル形式
・デジタルデータの納品媒体形式（光ディスク，HDD，磁気テープ）
・デジタルデータの納品前検査
・デジタル化後の瑕疵対応期間
・納品物と納期
・その他

国内や海外では，対象資料に応じて，上記のポイントの中で特に詳細に規定されている事例がある[3)]。

以下では，主に紙資料のデジタル化を念頭において，項目を絞って説明する。

○外部業者に求める条件（資格・経験）

外部業者に求める条件については，例えば全体責任者に求める文書管理等の資格や，各作業工程の監督者には同作業の経験を求めるかという点がある。これらは品質とコストのバランスを考えて決める必要があるだろう。

○対象資料の事前確認（搬出・搬入）

持ち出した資料，資料の状態が後からわかるように管理できるような仕様の検討が必要である。自機関職員による搬出作業前調査（状態確認や劣化資料の補修等）を行う場合，外部業者による資料確認を搬出の後に行い，外部業者が資料を持ち出した際の資料の状態を明確にするフローを検討する必要がある。デジタル化作業において資料になんらかの問題が起きた場合に，その原因や対応方法又は責任の所在を明確にすることが重要である。

○作業場所

資料を自機関の外部に持ち出して行う場合と，内部の作業場所を貸してデジタル化する場合があるだろう。外部の場合は，遮光性等スキャニング環境として適切で，資料の保管，セキュリティ等を考慮に入れた作業場所を確保させることが必要になる。

○対象資料の保管体制

資料保存を目的としたデジタル化の場合，できる限り避けなければならないことのひとつはデジタル化の作業で資料が劣化してしまうことである。特に紙資料の場合は温湿度の変化によって，資料が劣化してしまうということもあり得るだろう。温湿度管理ができる耐火保管庫を外部業者に用意させるということを仕様書に記載することも考えられるが，設備投資の結果，コストがあがってしまうことも考えられる。温湿度の許容範囲をどのように（温度何度以下，湿度何パーセント以下）設定するかについても，普段の保管環境や，季節（梅雨の時期や夏場と冬場では，そもそもの気温や湿度が違ってくる）等を考慮し，決定する必要があるだろう。

また，直射日光による日焼け等，温室度以外にも資料の劣化を引き起こす要因を排除できるような規定を設けることも必要である。

○対象資料の解体の有無とその方法

資料の裁断や解体を可とする場合，その作業を外部業者に実施させるかということから検討する必要がある。解体手順については，自機関の資料の保存戦略（原資料の長期的な保存やデジタル化後の廃棄等）を含め，裁断・解体についての取決めがある場合はそれに従う。資料保存や補修の専門家の意見を取り入れるということもあるだろう[4)]。

いずれにしても，解体に伴う責任を明確にするため，外部業者が「勝手に」解体作業等を行うことがないようにするとともに，外部業者に解体をさせる場合でもどのように解体するのかを明確にしておく必要がある。

○デジタル化作業で使用する機材（機材の使い方や対象資料の扱い方，スキャニング方法等）

デジタル化機材の選定は資料の物理的な形状や劣化状況，資料の貴重さなどを考慮に入れて行う必要がある。機材の性能（撮影可能な解像度や作業速度等），光源（紫外線カット等）を規定する方法でもよいし，成果物の品質レベルを規定することで間接的に機材の選択の幅を狭めるという方法でもよいだろう。機材を指定しない場合は，外部業者が想定している使用機器自体の仕様が確認できるようにする必要があるだろう。

スキャニング中の資料の破損や，不必要な再撮影を防ぐために，（資料にとって）適切な方法で，（発注元にとって）適切な画像データを作製させることが必要である。その観点で，基本的な機材の使い方（スキャニング前のキャリブレーション等の機材調整）や，資料の取扱方法（手袋の使用の有無），ごみやほこりの写り込み防止方法等は明文化するのもよいだろう。また機材を準備する主体についても明確にしておいた方がよいだろう。

○デジタルデータの品質レベル

解像度，色深度等は対象資料による部分が大きい[5)]。また全文テキスト化のためにOCRの使用を検討する場合には，OCRソフトウェアが推奨する解像度を考える必要もあるだろう。また，解像度については，自機関のデジタルアーカイブシステムの要件も考慮に入れる必要がある。

他の品質管理項目（色差，彩度（色の再現性），必要な範囲が撮影されているか，余計なものが写り込んでいないか等，また目次やメタデータの誤り等）を納品前に外部業者にどのように確認させるかを検討する必要がある。品質確認のために，カラーチャートや巻尺等を写し込むことを，チャートの種類の規定も含めて，仕様書に明記することも必要だろう。

仕様書には，どのような品質レベルでデジタルデータを作製するのか，又それらが仕様の規定にあっているかの検査をどのように行うのかを明確に記載する必要がある。

○デジタルデータのメタデータ（データの保存・管理）

データの管理，将来的なデータの利活用の目的で，メタデータをデジタル画像と一緒に作製させる場合が多い。例えば作製するメタデータは大きく分けて次の3種類になる。

①画像データ自体のデータ（いつ，だれが，どのような機材でスキャニング，ファイル変換したか，どのようなOSを使用したか等）
②資料（コンテンツ）についての書誌的なデータ（タイトル，著者，出版者，出版年等）
③画像データを管理するためのデータ（タイトル，著者，資料の総コマ数，ファイルサイズ，スキャニング時の特別な処置等）

すでに自機関に該当する資料の目録データがあり，請求番号や書誌番号等が決められている場合は，それらの番号や情報を②のメタデータに取り入れるなど自機関の目録データとの横断的な利用を考慮する必要がある。

記述方法・内容の基準が標準化されているダブリンコア等，デジタル情報に関するメタデータスキーマを援用して，他機関とのデータの相互利用等を考慮することもできる。

なお，テキストデータ（「TSV形式」や「TEXT形式」）で作製する場合は，特に文字コード（UnicodeやShift-JIS）や改行コード（LFやCR+LF），区切り文字等（タブ区切り等）を規定していた方がよい。文字コードが混在したテキストファイルは文字化けして，何が記述されているかわからなくなってしまうことがある。

○デジタルデータの納品ファイル形式

採用するファイルフォーマットはデジタルアーカイブの目的に大きく関係する。つまり，保存用データと公開用画像の2種類を作るのか，保存用データだけでよいのか等でコストが変わってくる。保存用データは非圧縮又は可逆圧縮が可能なフォーマット（TIFFやJPEG 2000），公開用画像は非可逆圧縮のフォーマット（JPEGやJPEG 2000）やPDFで，Webサイトでの閲覧・ダウンロードに適したファイルサイズに圧縮されることが多い[6)]。各ファイルフォーマットにはファイルサイズ，取扱方法などの長所・短所があるため，それらも勘案する必要がある[7)]。

○デジタルデータの納品媒体形式（光ディスク，HDD，磁気テープ）

デジタルデータの納品媒体形式については，自機関のデジタルデータの長期保存戦略に関係する。媒体としては，光ディスク，HDD，磁気テープ等があるが，それぞれ格納可能な容量，長期保存に適しているか等，長所と短所があり，一概にどの媒体が最も適しているかということは難しい。それを念頭において，自機関の保存環境（スペース），機材の準備状況（LTOなどの磁気テープに対応するような機材があるか），デジタルデータの長期保存にどの程度コストをかけることができるかという観点から，採用する媒体を選択することになる。

仕様書では，ファイルの命名規則，さらに納品媒体にどのような形（アイテムごとに，フォルダを作ってその中に画像データを保存するなど）で格納するのかについても規定する必要がある。形については，デジタル化した資料をWebサイトに掲載する等の後作業がある場合は，その作業に適した形で格納させることが必要である。

○デジタルデータの納品前検査

仕様書の規定に合致したデジタルデータを納品してもらうため，業者による納品前の検査も定めておく必要がある。また，光ディスク等の納品媒体への書き込みが問題ないか，デジタルデータに問題がないかも検査する必要がある。書き込み前後のファイルのハッシュ値を比較する方法など，仕様書には具体的な方法を記載してもよい。

○デジタル化後の瑕疵対応期間

デジタルデータ作製後の問題のあるデジタルデータの再作製等，デジタル化後の管理業務も重要である。その中で，問題のあるデータが，明らかに納品物（その業者の作業内容や作業結果）に由来するものとして瑕疵対応期間を設定するルール決めが必要である。そのルール自体を仕様書に規定することもあるだろうし，仕様書には，ルールについては受託後に外部業者と別途調整すると記載することもできる。

○納品物と納期

画像データに加えて，テキストデータ（メタデータ等）を作製する場合や報告書類も提出させる場合もある。仕様書には何をいつまでにどこに提出するのかということを明記する必要がある。また，無理なく期間内にデジタル化できるようなスケジュールの検討も重要である。

○その他

契約関係での外部業者との取決め（例えば，デジタル化作業の対価の支払い方法や，業務内容の秘密保持，データ流出の防止）を検討する。また外部委託業者との適切なコミュニケーション方法についても検討しておく必要がある。

（山本俊亮）

注

1）米国デジタル公共図書館（Digital Public Library of America）のデジタル化研修資料では，デジタル化を外部委託する場合の外部業者への質問項目（使用する機材とソフトウェア，品質管理の手順，納期，搬出入，作業環境（保存環境）の管理，プロジェクト責任者の資格，同様な作業の履行経験，価格）という形で検討が必要な項目が挙げられている（https://dp.la/info/2015/10/07/new-self-guided-curriculum-for-digitization/ , 2017/9/5閲覧）。

2）国内及び海外のガイドラインはII-1-4の最後にまとめてURLを掲載した。

3）例えば，国立近代美術館フィルムセンターの映画資料の電子化仕様書では，デジタル化作業で使用する機材（特に画素数）について特に細かく規定されている。

4）国立公文書館による，解綴・再製本の報告書が公開されている（http://www.archives.go.jp/law/pdf/saiseihon_01.pdf , 2017/9/5閲覧）。

5）例えば，内容に図版等がなく文字が中心の資料であれば，グレースケールでもよいと判断される場合もあるだろうし，一方でカラーの図表や写真が含まれ，対象資料の再現性が求められる場合は，フルカラーでのデジタル化が必要になるだろう。アメリカ図書館協会のデジタル化のガイドラインでは，資料の種別によって，デジタルデータの品質レベルの推奨値が細かく分けられている。

6）総務省によるデジタルアーカイブのためのガイドラインには国内各機関の事例が掲載されている。

海外の例では，ノースカロライナデジタルヘリテージセンターのWebサイトで採用しているフォーマット等が公開されている。

その他には，アメリカのFederal Agencies of Digitization Guidelines Initiativesが推奨するフォーマットを公開している。

また，IFLA（国際図書館連盟）による貴重書等のデジタル化ガイドラインでも推奨するフォーマットが紹介されている。

7）TIFFの非圧縮は，画質が最も高い状態で保存できるが，ファイルサイズが大きい。一方，JPEGは一般的にかなり普及しているが，非可逆圧縮の場合，保存を繰り返すたびに劣化していく。また，JPEG 2000は，可逆圧縮，非可逆圧縮を選択できたり，xml形式のメタデータを画像ファイルに埋め込むことができたり，高度なファイル操作ができるが，Webブラウザでプラグインなしで閲覧可能なものがAppleのSafariのみなど，実際の公開の運用部分では難しい課題が残っている。

1-4　仕様書の具体例及びガイドライン

ここではWeb上でアクセスできる仕様書やガイドライン事例の一部を紹介する。主に公共機関のホームページ等で閲覧することができるものを挙げた。また，国内だけではなく，国外機関のものも紹介する。

Web上でアクセスできる仕様書やガイドライン例

Web上で検索・閲覧できる事例の一部を紹介する。

①デジタルアーカイブの構築・連携のためのガイドライン（総務省）
デジタルアーカイブ構築についての解説だけでなく，スキャナの解説や採用すべき解像度の考え方等についても，国内機関の事例とともに掲載されている。
http://www.soumu.go.jp/main_content/000153595.pdf（2017/07/29閲覧）

②文化財写真の保存に関するガイドライン（日本写真学会誌2012年75巻4号に掲載）
https://www.jstage.jst.go.jp/article/photogrst/75/4/75_302/_pdf（2017/9/5閲覧）

③映画資料のデジタル化仕様書（国立近代美術館フィルムセンター）
http://www.momat.go.jp/ge/wp-content/uploads/sites/2/2015/07/d64d396eee97efc172e7712f9a6e436e.pdf（2017/9/5閲覧）
http://www.momat.go.jp/ge/wp-content/uploads/sites/2/2015/07/fafb084f31b151d70580c0ea67904d88.pdf（2017/9/5閲覧）

④国立国会図書館資料デジタル化の手引き2017（国立国会図書館）
http://dl.ndl.go.jp/info:ndljp/pid/10341525
http://www.ndl.go.jp/jp/aboutus/digitization/digitalguide2011.pdf（2017/9/5閲覧）

⑤FADGI Guidelines（Federal Agency of Digitization Guidelines Initiatives）
http://www.digitizationguidelines.gov/（2017/9/5閲覧）

⑥アメリカ図書館協会のガイドライン
解像度や色等，最低限必要とされる技術的な基準の推奨値と事例が，資料のタイプ別に紹介されている。紙や写真資料だけでなく，録音や動画資料についても取り上げられている。またアメリカ国内の機関が公開しているガイドラインについてもWebサイトへのリンク形式で紹介されている。
http://www.ala.org/alcts/resources/preserv/minimum-digitization-capture-

recommendations（2017/9/5閲覧）

⑦地図や写真，ブループリント等，文字をあまり含まない資料のデジタル化ガイドライン（イリノイ州学術図書館連合）
https://www.carli.illinois.edu/sites/files/digital_collections/documentation/guidelines_for_images.pdf（2017/9/5閲覧）

⑧解像度，ファイルフォーマット，圧縮，メタデータ作製についてのガイドライン（スミソニアン博物館）
http://siarchives.si.edu/services/digitization（2017/9/5閲覧）

⑨使用スキャナや，資料に応じた解像度の推奨値を紹介（ノースカロライナ州デジタルヘリテージセンター）
http://www.digitalnc.org/about/policies/digitization-guidelines/（2017/9/5閲覧）

⑩ニュージーランド国立公文書館「デジタル化標準」推奨の技術仕様書
報告書は，ニュージーランドでのデジタル化の標準化についてであるが，技術仕様として，フォーマットや解像度などが紹介されている。
http://www.archives.go.jp/publication/kita/pdf/kita42_p112.pdf（2017/9/5閲覧）

⑪貴重書及び手稿コレクションのデジタル化計画のガイドライン（IFLA貴重書・特別コレクション分科会）
http://www.ndl.go.jp/jp/aboutus/preservation/pdf/ifla_guideline_jp_2017.pdf（2017/9/5閲覧）

⑫デジタル化の全般についての参考資料（「高精細デジタル化とマスデジタイゼーション――フローチャートで進めるデジタル化――」村松桂）
https://nijc.brain.riken.jp/xoonips/index.php?plugin=attach&pcmd=open&file=muramatsu.pdf&refer=WorkShop%2F20111221（2017/9/5閲覧）

上記に挙げたものはあくまでも事例であり，その内容をそのまま採用できるとは限らない。自機関のデジタル化対象資料やそれぞれの状況に応じて仕様書を作成する必要がある。（山本俊亮）

クラウドファンディングを用いた資金調達

デジタルアーカイブプロジェクトの資金調達のためにクラウドファンディングを用いる事例が出てきている。

クラウドファンディングとは，アイディアをインターネット等で発信し，それに賛同した不特定多数の支援者・支援組織から資金の提供を受ける仕組みのことで，群衆（crowd）と資金調達（funding）を組み合わせた造語である。日本では2014年の金融商品取引法等の改正により可能となった。クラウドファンディングは製品・サービス開発や政治・社会運動，研究活動，アーティストへの支援等，幅広い分野への出資に活用されており，この仕組みを利用してデジタルアーカイブの開発や運営，イベントの資金を調達しようという動きがある。

もちろん，クラウドファンディングで資金の問題すべてが解決できるわけではない。

クラウドファンディング市場は過熱しており，日々多くのプロジェクトが提案されている。その中で出資者を募るためには，意義を上手に訴え，場合によっては魅力的なリターンを用意する必要がある。

クラウドファンディングは必ずしも成功するものではない。一定期間までに目標額が集まらないケースもある。その際にはプロジェクト自体を開始できず，クラウドファンディング活動の労力分が無駄になる可能性もある。プロジェクトを練り直して改めてクラウドファンディングを行おうとしても，失敗していることに対してプラットフォームや出資者から懐疑的な視線を向けられるかもしれない。クラウドファンディングが成功してプロジェクトを開始できたとしても，想定外のトラブルで中断したり，変更したりした場合には，数多い出資者へ説明責任が必要となる。

そもそもクラウドファンディングの特徴として，プロジェクトごとに出資を募る形式のゆえに継続的な運営の資金としては向いていないという特徴がある。

それでも，クラウドファンディングを活用するメリットはある。

まず，従来の枠にはまった予算や研究費等に資金を頼らずにプロジェクトを進めることができる点である。行政等での審査では認められないような先駆的なプロジェクトに対しても，意義が認められれば資金調達が行える。審査のために提出する書類も，場合によっては少なくて済むかもしれない。

次に，短い期間で一定の額を集められることがあげられる。募集期間は約1～2か月が多く，プラットフォームの審査を含めてもプロジェクトを申請してから半年弱で資金を手にすることができる。

そして何よりのメリットは，プロジェクトの担当者と支援者とが交流できることにある。プロジェクトをPRするために情報を発信したり，支援者とメッセージをやり取りしたり，リターンを送付したりと，クラウドファンディングでは直接担当者と支援者とがコミュニケーションをとることが不可欠となる。プラットフォームを通じて行われる広報では，これまでプロジェ

表1　デジタルアーカイブプロジェクトにクラウドファンディングを用いた事例

	内容
松竹大谷図書館	松竹大谷図書館が所蔵する雑誌『蒲田週報』や「芝居番付」，GHQ検閲歌舞伎台本，「組上燈籠絵」のデジタル化のための資金調達。
「日米・高校生平和会議」開催プロジェクト	デジタルアーカイブ「ヒロシマ・アーカイブ」，「ナガサキ・アーカイブ」を活用するイベントを開催するための資金募集。
近現代史データバンクプロジェクト	近現代の歴史的な公文書を現代文に訳し，インターネットで公開することを目指したプロジェクト。
Santa Fe Stories Project presented by The Santa Fe V.I.P.	米国サンタフェ市の第二次世界大戦後のドキュメントを収集し，歴史的ホットスポットについてのモバイルミュージアムを作るプロジェクト。
HERE COME THE VIDEOFREEX	1970年代に実験的な活動を行った「Videofreex」のビデオ・テープ保存とドキュメンタリー制作のプロジェクト。
Database of Historical Film Colors	フィルムのデジタル化についてのカラー処理に関するデータベース作成のための資金調達。チューリッヒ大学映画学バーバラ・フレッキガー教授（Barbar Flueckiger）が中心となった。
Unglue.it	書籍のデジタル化とクリエイティブコモンズライセンスでの公開を行うプロジェクト。デジタル化した書籍を購入することでクラウドファンディングになっている。

クトに興味がなかった層にも情報を届けることができる。日本以外のプラットフォームを選べば，諸外国への広報と支援もあおぐことができる。クラウドファンディングを通じて，資金調達だけではなく，デジタルアーカイブの意義を訴え，プロジェクトのますますの発展に繋げることができるのだ。

〈参考〉クラウドファンディングの手続き

0. クラウドファンディング利用の決定
   資金報告の取り扱いをはじめ，誰が中心となってクラウドファンディングのプロジェクトを行うのか調整をしておく。
1. 目標と期間，リターンの設定
   説得力のあるプロジェクトの内容とその説明，最終目標の設定を行う。

クラウドファンディング募集時のサイト	目標金額	プロジェクト成立日
https://readyfor.jp/projects/ootanitoshokan2	2,500,000 円	2013 年 11 月 6 日
https://readyfor.jp/projects/ootanitoshokan3	2,800,000 円	2014 年 10 月 29 日
https://readyfor.jp/projects/ootanitoshokan4	2,500,000 円	2015 年 10 月 28 日
https://readyfor.jp/projects/ootanitoshokan5	2,500,000 円	2016 年 10 月 26 日
https://www.makuake.com/project/nagasaki-hiroshima-archive/	1,500,000 円	2016 年 7 月 24 日
https://readyfor.jp/projects/kingendaishi	1,000,000 円	2016 年 4 月 24 日
https://www.kickstarter.com/projects/1525042850/santa-fe-stories-project-presented-by-the-santa-fe/description	$10,000	2014 年 1 月 9 日
https://www.kickstarter.com/projects/1579219342/here-come-the-videofreex-save-the-tapes	$15,000	2012 年 6 月 29 日
https://www.indiegogo.com/projects/database-of-historical-film-colors#/	$10,000	2012 年 6 月
https://unglue.it/	※ 2012 年 5 月 17 日開始	

コラム

プラットフォームの審査の基準に沿っているか，プロジェクトの意義は訴求力があるか，募集資金額は現実的か，リターンは魅力的か等を考える必要がある。

2. プラットフォームの選択

プラットフォームごとに得手不得手な分野があるため，興味を持ってくれそうな人が多いところを選ぶ。国内では，日本で初めてクラウドファンディングサービスを開始したREADYFORや，日本国内最大規模のCAMPFIRE等がある。英語での発信を考えているならば，世界最大規模のKickstarterやIndiegogoが有名なプラットフォームである。この他，アートや学術等，様々なテーマに特化したプラットフォームがある。

テーマだけではなく，プラットフォームの手数料や資金の受け取り条件も確認すること。プロジェクトの作成・申請・公開自体は無料のことが多い。資金の受け取り条件は，目標額に達しない場合でも資金を受け取ることができる「All-In」型，目標額に届かない場合は資金を受け取ることができない「All or Nothing」型がある。どちらを選択するかによって手数料や審査基準が変わる。プラットフォームによって片方しか選べないケースもある。

3. プロジェクトの申請

プラットフォームごとに項目は変わるが，タイトル・カテゴリー・目標金額・プロジェクト概要・リターン・連絡先・入金先等を入力することが多い。タイトルが最も目に触れる機会が多いため，どのようなプロジェクトかわかりやすいタイトルにするとよい。イメージをつかんでもらえるように写真や動画を載せることが好まれる。

申請後，プラットフォームから審査結果が連絡される。申請したらすぐに募集できるわけではないので，余裕をもって申請をする。

4. プロジェクトの広報

プラットフォームに投稿しただけでは，数多くあるプロジェクトの中で興味のある人の目に届くとは限らない。プラットフォームからもプロジェクトの広報は行われるが，こまめに広報や途中経過の報告を行うと，より成功率があがる。

5. プロジェクト達成

プロジェクト達成後は，プラットフォーム側から資金明細が提示され，内容に問題がなければ指定の振込先に資金が支払われる。

6. リターンの発送

支援してくれた出資者にリターンを行う。出資者は今後のプロジェクトの支援者にもなるため，お礼とともに迅速に行う。

7. プロジェクトの開始

プロジェクトの進捗状況を支援者に伝わる形で随時報告をする。集まった資金の使い方についても報告を行い，資金のみではない交流を支援者と深めていくことが望まれる。（松永しのぶ）

1-5 デジタルアーカイブの運用・管理

デジタルアーカイブの活動に必要な計画書を作成する際に，検討すべき事項を紹介する。デジタルアーカイブの運用・管理に当たっては，組織や分野により様々な性質や検討要素が考えられることから，本節では基本的な要素の範囲に留める。次の表のうち，①～④はマネジメント要素，⑤～⑨は技術要素に分けられる。

表 デジタルアーカイブの運用・管理計画基本要素

区分	要素
マネジメント要素	① 目的・目標 ② 基本方針と手順 ③ 人材 ④ 財源
技術要素	⑤ デジタル化 ⑥ データアクセスポリシー ⑦ 情報システム基盤 ⑧ データ保管 ⑨ 権利処理・管理

目的・目標

デジタルアーカイブに取り組む上では，活動主体となる組織のミッションやビジョンと照合して組織や社会に対してデジタルアーカイブがどのように貢献できるのか，またはどのような目的のためにアーカイブを作成するのか等を検討する。また，デジタルデータの活用に関する内容を組織全体の戦略計画に含めるよう働きかけを行うことも重要である。

基本方針と手順

基本方針は，目的・目標で設定した内容に基づき，具体的な活動内容を明記する。手順は，例えば1.デジタル化対象の選定, 2.メタデータの検討, 3.デジタル化実施，4.品質管理，5.権利手続き，6.データ利用，7.コンテンツ管理, 8.データ保存計画などデジタルアーカイブに必要な活動手順を明らかにする。

人材

人材は，デジタルアーカイブにどのような人材が必要であるか，洗い出しをしておく。専門資料を扱える専門家からデジタル化，情報システム管理，コンテンツ制作，Web公開など各手順で必要となる人材を想定することで，あらかじめすべての要員を確保するのではなく，必要なタイミングでプロジェクトに参加してもらうことが可能となる。組織内に該当者が不在の場合は，外部との協力も視野に入れておく。また，活動内容によっては組織内の他部署の協力が必要な場合があることから，計画策定の段階で関連部署への協力依頼や説明をしておくことで活動時に円滑に進められる場合がある。

財源

活動に必要なコストを算出し，財源を想定する。コストの算出は，例えば5年計画であれば初期コスト，2～4年の中間コスト，最終年度コスト算出の他，5年目以降に発生する必要コストを算出する。財源は，確保する予算に応じて活動内容が変化することから，組織内予算の他に補助金の獲得や寄付金，クラウドファンディングなど様々な財源確保の方法を検討し，確保できた場合・できなかった場合の別で計画を設定すると良いだろう。

デジタル化

デジタル化は，デジタルアーカイブの対象をどのような技術や形式でデジタル化するのか基本方針を定めておく。例えば，紙媒体ならば使用する機材（スキャナやデジタルカメラ）や解像度などのデータ品質，デジタル化後のデータ保存形式（TIFFのみ，JPEGを生成するか）など。デジタル技術は毎年高性能化していることから，デジタル化はその時の最高品質で行うことが望ましい。しかし，時間やコスト等の制約で難しい場合は，可能な限り高品質でデジタル化をするとともに，その時に行った品質の設定情報と理由を記録しておく。これらの情報は，将来のデータマイグレーション時に役立つ情報となる。

データアクセスポリシー

データアクセスポリシーは，データの公開やオンラインアクセスに関する基本方針を定義する。どのような方法・システムでデジタルデータを公開するのか，誰がそこにアクセスまたはデータを利用するのか，想定される利用者層を検討しておく。

デジタルアーカイブの公開に際しては，利用するメタデータの公開に加えて，データ自体の公開有無や機関リポジトリへの提供など将来的なデータ公開・運用管理についても計画に含める。

情報システム基盤

デジタルアーカイブは，データ作成から保存・公開のすべてにおいて情報システム基盤に依存することから，データ作成，データ保存，データ公開の別で情報機器やシステムの運用・管理計画を作成する。データ作成では，デジタル化機器類の更新を行った場合，機器性能の向上に伴いより高品質なデジタル化が可能になることから，過去に行ったデジタル化の再デジタル化の必要有無を検討する。情報システム基盤のうち，大規模ストレージを含むデータ保存システムとインターネットに公開するデータ公開システムは，デジタルアーカイブの長期保存と恒久的なデータアクセスを保証するために非常に重要な装置である。

データ保存と公開においては，活動組織やプロジェクトの解散・終了後のデータ管理・運用方法を視野に入れて計画する必要がある。プロジェクトの終了に伴い，データが行方不明になることやインターネットに公開したデジタルアーカイブが非公開になることは避けたい事態である。

データバックアップ

データバックアップとは，活動で得られたデジタルデータのすべてを定期的に複製することである。バックアップ対象は，デジタルアーカイブすべてのデータに加え，情報システム基盤で動作するサーバOSやシステムの設定情報，ファイル共有サーバにある事務的な文書ファイルに至るまでのデータをどのような方法・タイミングでバックアップするのかを計画する。データバックアップの方法は，大規模ストレージ装置を複数台用いたバックアップシステムを利用する場合が多くみられるが，装置の耐用年数が5年程度と短いため，10年以上の長期保存を目的とする場合は，バックアップメディアにブルーレイディスクや磁気テープを用いることがある。データバックアップは，日々のバックアップ取得状況の確認と，媒体や装置の健全性を確保するための定期メンテナンスが必要になる。最近では，インターネット上にデータを保存するクラウドストレージサービスもバックアップ先の一つに考えられる。ただし，オンラインストレージを利用したデータ保存は，公衆送信権等の法的影響の有無や，サービス規約などでサーバの設置国を確認すること。データ保存先サーバが海外にある場合，日本の法律が適用されないことがあるため，トラブル時には注意が必要である。

権利処理・管理

デジタルアーカイブは，データ作成から公開に至るあらゆる場面でデータの権利問題が関わる。収集した資料の権利状態，撮影・録音した映像や音声データの権利情報，データ利用や公開に必要な権利処理手続きなど，データの作成・編集・保存・公開別にどのような権利処理手続きや管理が求められるのか，構築するデジタルアーカイブの対象ごとに明らかにしておく（例えば，インタビュー映像，写真資料のデジタル化などの単位）。

デジタルアーカイブの構築を外注する場合は，データの取り扱いや納品後の権利状態をあらかじめ約款や契約書等で定めるなど，権利に関する基本方針を定めておくことが重要である。デジタルアーカイブ公開のために作成したコンテンツやプロの写真家が撮影した画像，イラストレータに依頼した著作物が含まれる場合は，著作人格権を含めて適切な権利処理をしておくことが重要。

デジタルアーカイブは，一過性や単発的なものではなく，長期的・恒久的な活動の結果，将来に価値が認められるものと考えられる。物理資料で例えれば，過去の記録文書は，作成当時は単なる記録にしか過ぎなかったが，現代では当時を知る重要な資料となっている。これを国や組織で言うならば，それぞれが歴史の積み重ねを行ってきた結果の集成といえよう。現代は，あらゆる情報をデジタルで扱うことから，今の歴史を刻むために構築するデジタルアーカイブは必然とも言えよう。

世界中でデジタルアーカイブに関連する法や活用の基盤整備が進む中で，今はデジタルデータの効果的な利用の発見が困難であっても，将来的に何らかの価値を創出するデータとなる可能性を秘めている。即効性の費用対効果を期待するのではなく，長期的な活動を視野に入れた運用・管理を計画していくことが重要である。

（嘉村哲郎）

2 技術

2-1 平面資料

デジタルアーカイブの多くは，写真や紙資料等の平面資料を扱うことが多い。本節では，平面資料をデジタル化する際に必要となる専門用語や技術を解説する。

解像度

解像度とは，画質の密度や精細さを表した数値のことであり，1インチ内のドット総数を表すDPI（Dot Per Inch）と1インチ内の画素（ピクセル）数を表すPPI（Pixel Per Inch）がある。

DPI：Dot Per Inch

1インチ（25.4mm）幅に含まれる物理的なドット（点）の数。ドットの密度が多いほど高精細になる。下の図は左から20マスの幅=20dpi，50マスの幅=50dpi，100マスの幅=100dpiの画像である。3つとも同じサイズの画像だが，密度が細かい100マスで表した画像が高精細になる。PCディスプレイやインクジェットプリンタ，スキャナは画像をドットで捉えるためDPIで解像度を表記している場合が多い。複合機の印刷設定で見られる600dpi等は，1インチ内に印字できるドット数である。なお，家庭用のインクジェットプリンタの解像度が9600dpiなど，複合機等機器と大幅に異なる理由は，使用する水性インクの性質上，トナー（粉末）よりも細かく印字する必要がある

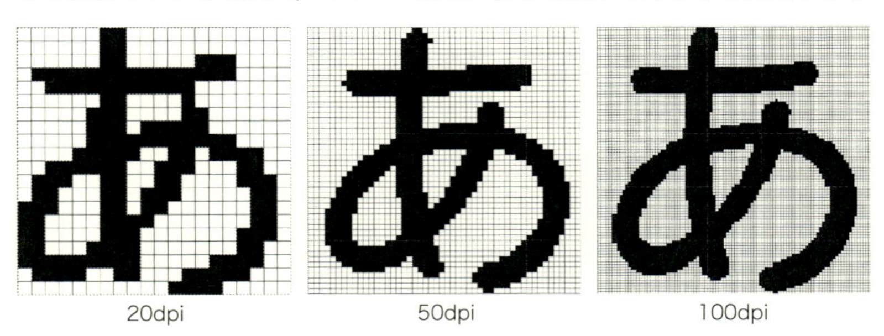

図1　DPI比較イメージ

ため。

PX：Pixel

ピクセルは画素とも呼ばれており，コンピュータで画像を扱う際の色情報を持った最小単位の要素である。1インチあたりに含まれるピクセル数によって解像度の精細さが変わる。画像や映像，またはディスプレイに1920×1080pxの表記がある場合は，横に1920個，縦に1080個の画素がある状態を言い，画素数は1920×1080=2,073,600。つまり，約207万画素になる。上記3つの画像のピクセル数は20×20=400px，50×50=2,500px，100×100=10,000pxになる。

PPI：Pixel Per Inch

PPIは1インチ（25.4mm）あたりに含まれるピクセル数の密度を表す（ピクセル数の密度であり総数ではない）。図1の画像を1インチサイズの画面に表示したPPIの場合，それぞれ28PPI，71PPI，141PPIになる。PPIは主に画像解像度に対する単位であり，高精細ディスプレイやレーザープリンタなど入出力機器の表示や印刷解像度にはDPIを用いる。Adobe社製のPhotoshopやIllustratorは画像を編集するソフトウェアであることから，解像度の単位にPPIを用いている。

LPI：Line Per Inch

LPIはスクリーン線と呼ばれており，1インチ内に含まれる印刷時の出力線の数（列）を表す。画像等を印刷で出力する際は，紙質や出力サイズに

表1　印刷と解像度

印刷内容	LPI（線数）	PPI（解像度）
新聞広告（モノクロ）	85	170
報告書，チラシ類	133，150	270，300
カタログ，パンフレット，雑誌など印刷用紙の表面に光沢があるもの，滑らかなもの。一般的なカラー印刷に用いる。	175	350
展覧会カタログや写真集等	200	400
モノクロ画像やイラスト等グレースケールのデータ	175	600
モノクロ二階調印刷（線数に関わらず600～1200で作成）		600～1200

よってLPIが異なる。一般的なカラー印刷にはLPIの2倍程度の画像解像度が必要である。なお，必要以上に解像度が高い場合はデータサイズが巨大になり印刷時間が長くなることから，使用する印刷機および出力サイズにあった解像度に設定することが望ましい。

画像解像度と印刷

スキャニングした画像データや作成したイラストなどのデータを印刷する際は，画像解像度の設定と用紙サイズ，画像サイズに注意が必要である。例えば，フルHDサイズ（1920×1080px）解像度300 PPIの画像をA4用紙に印刷する場合，印刷面の仕上がりサイズは162mm×91mmになり，図2上のように用紙に対して小さいサイズで印刷される。この画像をA4全面に印刷する場合は，解像度170 PPI程度の印刷品質となる。図2下は画像編集ソフトの印刷プレビュー画面でメディアサイズ（A4用紙）に合わせて拡大・縮小をチェックした状態である。画像を拡大印刷することから，300PPIの画像が170 PPIの品質で印刷されることがわかる（下段）。

なお，300 PPIでA4サイズ（297mm×210mm）一面に印刷する場合は，画像サイズ3507×2480pxのデータが必要になる。用紙サイズ（mm）から必要なピクセル数（px），ピクセル数（px）から印刷サイズ（mm）を知るには，簡単な計算で算出できる。

用紙サイズ（mm）から必要なピクセル数（px）を算出する場合の計算式
(用紙サイズ×解像度)÷25.4＝必要ピクセル数
例：(297mm×300ppi)÷25.4=3507px

ピクセル数（px）から印刷サイズ（mm）を算出する場合の計算式
(ピクセル数÷解像度)×25.4＝印刷サイズ（mm）
例：(1920px÷300ppi)×25.4=162.56mm

RGBとCMYK

RGBカラーは光の三原色である赤（Red）緑（Green）青（Blue）で色を表現する。各色が混ざる程明るい色になり，最終的には白になることから加法混色と言われる。PCのディスプレイやスキャナ，デジタルカメラ，家庭用のTV等がこの仕組みを用いる（一部のTVでは黄を加えた4原色表示（RGBY）

図2　プリント解像度300PPI（上）と170PPI（下）

を用いた機種がある）。CMYKカラーはインクの三原色である藍（Cyan）紅（Magenta）黄（Yellow）と黒（Key Plate）で色を表現する。これらの色を混ぜるほど色が暗くなり，最終的には黒に近くなることから，減法混色と言われる。主に印刷用のカラーであることから，CMYKでの印刷をプロセスカラー印刷という。RGBとCMYKでは扱う色の幅（色空間）が異なるため，PC上で作成したRGBカラーのデータをプロセスカラー印刷すると全体的に濁った色になってしまうことから，印刷用のデータはCMYKで作成する必要がある。

色深度（ビット深度）

ビットとはコンピュータの用語で，情報を2進数で表す最小単位である。例えば，1ビット=0か1の二通りであることから1bit=2^1となる。色深度また

図3　グレースケール256階調

は色深度とは，1ピクセルあたりの色の情報量を示す。1ビットカラーという場合，白と黒の二色で表したピクセルとなる。例えば，グレースケールの8ビット表現とは，白から黒までの色を2^8=256通り表現できることになる。一般的にフルカラーと呼ばれている24ビットカラーはRGB各色の256階調を掛けた数で1667万色と表される（256×256×256）。

画像形式

デジタルアーカイブで扱う画像データ形式はRAW，TIFF，JPEG，JPEG2000，PNGを多く利用する。RAWはデジタルカメラで撮影した際の生データで，現像することで他形式の画像を生成できる。TIFFは画像情報の品質を保持したまま保存できる非圧縮画像データ形式のため，スキャニングの保存用データに選択されることが多い。非圧縮画像のためデータサイズが大きくなるが，品質劣化がない分，圧縮画像を生成する元データに利用される。JPEG，JPEG2000，PNGはいずれも画像圧縮したデータ形式であり，次のような特徴がある。PNGはドローソフトで作成した画像やロゴなど境界が鮮明な画像向け。JPEGは主に写真のような画像に用いられ，PNGよりもファイルサイズを抑えることができる。JPEG2000はJPEGの後継規格であり，高圧縮時においてはJPEGより高品質で画像が保存できる特徴を持つ。デジタルアーカイブではストレージ容量を抑えるために画像データの保存にJPEG2000を採用する例もある。

（嘉村哲郎）

2-2　音　声

記録媒体の種類

①オープンリール（Open Reel, Open Tape, Reel-to-Reelなど）

リールに巻き取られた磁気テープにアナログ音声信号を記録する。録音や再生の際にはテープを再生機器に装着するなど，直接リールを操作する必要がある。テープの長さ，走行スピード，トラック数，チャンネル数，片面か両面を使用するか等によって収録時間が異なる。また再生する際，テープに記録された状態に対応した再生機器を準備する必要がある。

②カセットテープ（Cassette Tape）

カセットに納められた磁気テープにアナログ音声信号を記録する。磁性体の違いによりノーマル（Type I/NORMAL）クローム/ハイポジション（Type II/Cr02）メタル（Type IV/METAL）などの種類がある。A面，B面とテープを裏返して使用する。誤消去防止の「ツメ」がある。この「ツメ」を折ると録音ができなくなる。また，パソコンや電子音楽機器のデータ記録用として利用されることがある。

③DAT（Digital Audio Tape）

磁気テープにアナログ音声信号をA/D変換（アナログ信号からデジタル信号に変換）してデジタル方式で記録する。再生する時はD/A変換（デジタル信号を音声アナログ信号に変換）して再生する。サンプリング周波数と量子化ビットはモード（LP/標準/SP）によって異なる。現在では録音機の生産が終了している。また，パソコンのデータ記録用として利用されることがある。デジタル方式で記録されているので，デジタルデータに変換する際にはデジタル方式で記録すると音質が劣化しない。

④オーディオCD（Compact Disc, CD-DA）

円盤状のプラスチック素材にデジタル方式で記録する。専用録音機により音声の録音が可能。サンプリング周波数44.1kHz, 量子化ビット16bit, 2チャンネル（ステレオ）。音楽用の場合は，記録後に「ファイナライズ」を行う。行わないと再生専用機での再生ができない。デジタル方式で収録されているので，デジタルデータとして利用する際はそのままデータとして扱うと音質が劣化しない。また，記録面を日光などの紫外線に当て続けると劣化したり，高温・多湿な状況によって変形し印刷面が剥がれてしまったりして，再生できなくなることがある。印刷面にシールなどが貼ってあると，剥がす際に印刷面ごと剥がれてしまい再生できなくなってしまうこともある。

⑤音声編集ソフト特有のデジタルデータ

最近はパソコンを使用して音声編集用ソフトウェアに直接デジタル方式で記録することも多くなってきた。多チャンネル収録や高いサンプリング周波数やビットレートに対応している。そのデータは録音時に利用するソフトウェアに依存する。原盤としてのデータ，編集などの情報もすべてデータとして記録できる。将来的な利用に応じて様々な変換をすることが可能である。

デジタルデータはアナログ方式で記録されるテープと違って，データが欠損すると再生自体ができなくなる。そのため，データのバックアップや原盤の保管も重要となる。

また，音声のデジタルアーカイブにおいて，テープ類を再生し，デジタルデータとして記録することも多い。その際も，これらのテープ類は，繰り返しによる再生／録音を行うことで磨耗による劣化，長期保存による磁気変化，テープの伸び，転写による再生時の音質劣化，またテープに含まれる糊が溶け出してテープ自体が貼りついてしまい再生自体が困難になることがある。その場合は専門の業者に依頼して処置が必要となる。さらに，テープ同士を切って繋いだ編集が施されている場合の接着テープが，劣化して切れてしまう場合もあるので扱いには十分な注意が必要となる。

音声デジタルデータの知識

①音声ファイルフォーマット（Audio file format）

音声をコンピュータ上で扱うためのファイル形式のこと（表1）。音声のデジタルデータは高音質になればなるほどファイルサイズが大きくなる。そのため，データを保存するハードディスクやサーバの容量の限界を考慮する必要がある。圧縮形式は，一度圧縮したら元の圧縮していないデータに戻すことは不可能。そのため，高音質が必要な内容のデータについては非圧縮のデータもアーカイブしておくことが望ましい。ファイルの内容と圧縮形式によっては聴感上変化したように感じることもある。

表1　主な音声ファイルフォーマット

圧縮	主な形式（拡張子）	特徴	ファイルサイズ（1分あたり*）
非圧縮，リニアPCM	WAV（.wav）	Microsoft Windowsの標準フォーマット ★Windowsや他の機器で利用の場合の形式として最適	約10MB
	AIFF（.aiff, .aif）	Appleの標準フォーマット iTunesで楽曲情報などの文字情報も含むことが可能 ★iTunes, iPod, Macだけの利用の場合の形式として最適	
圧縮	MP3（.mp3）	一般的に音楽ダウンロードで最も使用される ★ネット上や専用再生機器などで多く利用されている	約1MB（圧縮率や内容によって変わる）
	AAC（.m4a, .mp4）	地上デジタル放送，BSデジタル放送でも採用 ★主にApple製品で利用されることが多い	
	WMA（.wma）	Microsoft Windows独自の圧縮形式 ★Windows Media Playerで利用される	

*44.1kHz/16bit/2.0chの場合

②サンプリング周波数と量子化ビット数

音声のデジタルデータにおけるサンプリング周波数とは，音声のアナログ信号の波形を1秒当たりに何回データ測定（サンプリング）するかを表し，単位はHzを用いる。量子化ビット数はその波形の振幅を1秒当たりに分割する刻みを表し，単位はbitを用いる。どちらも数値が大きくなればなるほど高音質となり，ファイルサイズも大きくなる。例えばCDの場合，サンプリング周波数は44.1kHz，量子化ビット数は16bit。

③ビットレート

1秒当たり何ビットの情報量で表現されているか，を表す。単位はbps（またはb/s，ビット毎秒など）。基本的にビットレートが高ければ高いほど，音質は向上し，ファイルサイズも大きくなる。データを圧縮する際には，その用途によって設定する必要がある。ビットレートを低い数値にするとファイルサイズは小さくなるが，ある周波数で高域がカットされるなど，音質に変化が現れる場合がある。内容によって音場感，奥行き感などが減少して感じられることもある（表2)。

表２　MP3形式（44.1kHz/16bit）の場合のビットレート目安

ビットレート	目安
～ 96kbps	音質にこだわらない内容
128kbps	MP3 の標準（音質を維持できる最低限）
192kbps	MP3 の高音質
232kbps	YouTube の HD 画質モードの最高音質
320kbps	MP3 の最高音質

（参考：オーディオ CD（CD-DA）はビットレート 1411.2kbps）

（山田香）

参考文献

小泉宣夫・岩崎真『電子音響学入門サウンドシンセシス』（講談社，2011 年）
柿崎景二『サウンド・クリエイターのための，デジタル・オーディオの全知識〈増補新版〉』（白夜書房，2014 年）
一般社団法人日本オーディオ協会ホームページ（http://www.jas-audio.or.jp）

2-3　映　像

デジタルアーカイブには写真や紙資料の他に映像資料を多く扱うことがある。記録媒体から映像をデジタル化する過程で見られる主な技術用語等を解説する。

記録媒体の種類

①オープンリール

オープンリールは，音声記録の用途でよく使われていたが，映像やコンピュータのデータ記録にも用いられた。1964年の発売時は，1本当たり19万8000円（当時の価格）と非常に高価であったため，一般家庭にはほとんど普及しなかった。長年放置されたオープンリールはテープが溶けて粘着するなど酸化（ビネガーシンドローム）が進んでいる可能性が高いため専門的な方法で処置する必要がある。

図1　オープンリール
(Wikimedia Commonsより引用：https://commons.wikimedia.org/wiki/File:Open_reel_audio_tape.jpg)

②ベータマックス (Betamax)

ソニーが販売していたビデオテープレコーダー（VTR）規格。1975年に発売するも，日本ビクターが開発したVHS規格とのシェア争いに破れ2002年に市場から姿を消した。ベータマックスの方式を適用した放送業務向けのベータカム（BETACAM）は長年利用され続け，2016年3月を持って生産終了に至る。

③8ミリビデオ (Video8)

1985年に世界各国の企業127社により統一されたビデオ規格。Standard 8mm，Hi8，Digital8と表記されている場合がある。テープ幅が8mmのため8ミリビデオと呼ばれる。Hi8（ハイエイト）は記録画質を向上させた上位互換テープで最大180分記録可能。Digital8は8ミリテープにデジタル記録（DVフォーマット）を可能にしたテープで，180分記録可能なアナログテープに135分のデジタル映像が記録できた。

④VHS (Video Home System)

世界中の家庭で広く普及したビデオ規格。記録時間はSPモード（Standard Play）で30分から210分まで幅広い種類のテープが用意され，録画・再生機（ビデオデッキ）によっては標準記録時間の3倍記録できるLPモード（Long Play）を搭載していた機種があった。例えば，120分テープを3倍モードで記録すると6時間分の映像が記録できた。

図2　映像テープの例
左からVHS，Hi8，miniDV，DVCAMテープ

⑤DV/miniDV

デジタル方式の映像で記録するビデオカセットテープ。miniDVは軽量小型かつ高画質な録画ができたため，家庭を初めとする小型ビデオカメラの普及に貢献した。このため，miniDVで記録された映像は数多く見つかることがあるが，DVテープの再生装置や録画機は2000年代後半には生産を終了，テープの再生やデジタル化に機器の確保が問題になることがある。miniDVテープはSPモードで60分と80分，LPモードではSPモードの1.5倍長く記録できる。類似製品のDVCAMはソニーが開発したプロ用機器に対応したビデオ規格でテープに高品質な材料が用いられている。DVCAMテープはソニー製以外の機器では再生できない場合がある。

⑥8cm DVD

小型ビデオカメラに8cmサイズの書き込み型DVDディスクを使用して記録する。ディスク1枚に付き60分程度の記録時間。8cmDVDをPCで取り込む場合は8cmディスク（シングルCDサイズ）に対応する光学ドライブを使用する。スロットローディング式のドライブの場合は12cmマウンタが必要。

⑦メモリー媒体

現在主流のフラッシュメモリ等の記録媒体。SDカードやmicro SD，コンパクトフラッシュなどが用いられる。なお，メモリースティックはソニー独自規格のためソニー製品のみ利用できる。

映像や動画に関する用語・規格

①DV/HDV

HDVはDV規格のカセットテープを使って高精細映像（HD:High Definition）を記録・再生するためのビデオ規格で2003年9月に日本国内の企業を中心に規格化が進められた。HDVでは次の形式があり，テープやカメラにHDVの記載がある場合にはいずれかの記録方式に対応している。

表1　DV規格の種類

規格	DV	HDV（720p）	HDV（1080i）
形式	480/60i	720/30p, 720/60p	1080/60i
画素数（解像度）	720×480	1280×720	1440×1080, 1920×1080
縦横比（アスペクト比）	4:3	16:9	16:9
映像圧縮方式	DV	MPEG2 Video	MPEG2 Video
映像ビットレート	約25Mbps	約19Mbps	約25Mbps
音声圧縮方式	非圧縮（リニアPCM）	MPEG1 Audio Layer Ⅱ	MPEG1 Audio Layer Ⅱ
音声ビットレート	16bit（2ch）	16bit（2ch）	16bit（2ch）

②4K UHDTV（Ultra High Definition Television）

テレビ放送や家庭用ビデオカメラが使用する4K解像度は3840×2160ピクセル。さらに高解像度の8Kは8K UHDTVとして7680×4320ピクセルの解像度を用いる。

③DCI 4K（Digital Cinema Initiatives）

DCI 4Kはデジタルシネマなど映画向けの4K解像度で4096×2160ピクセルが用いられる。

④AVCHD

パナソニックとソニーが基本仕様を策定して規格化されたハイビジョン向けのデジタル映像記録のフォーマット。SDカードやフラッシュメモリなど様々な記録媒体に対応し，高効率の映像圧縮技術（H.264 MPEG-4 AVC/AVCHD）を用いることで長時間の記録を実現している。

⑤インターレース／プログレッシブ

共に画面走査方式。インターレースは画面を表示する奇数線と偶数線のフィールドを交互に処理して映像を表示する方法である。対して，プログレッシブは画面上から下に向かって奇数と偶数線を同時に処理するフレーム単位で映像を表示する方法である。インターレースの動画を動画サイトなどで再生するとギザギザな動画に見えるのは，インターレース形式で作られた動画がプログレッシブ方式で再生されていることが原因にある。この場合，動画のインターレース解除処理が必要になる。

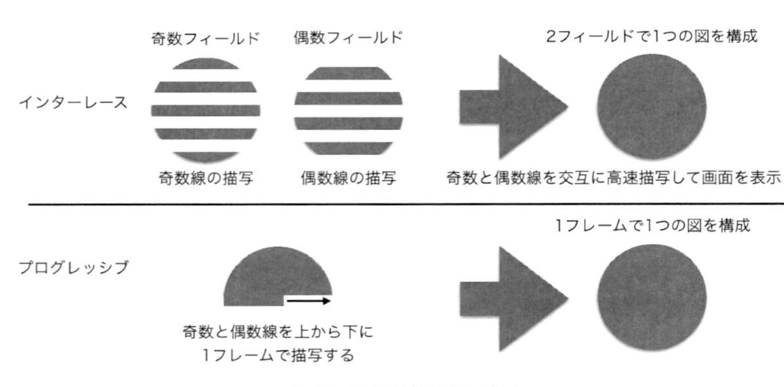

図3　画面走査方式の違い

1080/60iの表記がある録画や動画は，インターレース方式で1080列の奇数と偶数の走査線を1秒間で60フィールド処理する映像である。対して1080/60pはプログレッシブ方式で1秒間60フレームの映像を構成することを意味する。

⑥フレームレート（fps:Frame Per Second）

1080/60pや720/30pに見られる60や30は1秒間あたりのフレーム数をあ

らわす。テレビ映像は30フレーム（29.97fps），映画やアニメは24フレーム（23.97fps）で制作されている。

⑦ビットレート（bitrate）

映像データにおけるビットレートとは，1秒間に処理する情報量をあらわす。ビットレートには「映像ビットレート」と「音声ビットレート」の2種類があり，それぞれ数値が高いほど高品質になるが，情報量が増加する分データサイズも大きくなる。映像と音声のビットレートを合わせて総ビットレートまたはオーバルビットレートと呼ぶ。

⑧コーデック（Codec）

データの肥大化を防ぐために映像や音声を圧縮する技術がコーデックである。映像や音声を非圧縮の状態で記録すると1080/30pの映像では1分間に5GBのストレージが必要になる。DVDやHDVはMPEG2，AVCHDにはH.264と呼ばれるコーデックが用いられている。最近ではH.264の半分程度のビットレートで同等の品質が得られるH.265/MPEG-H HEVCが普及する。Web公開向けには映像コーデックにVP8，VP9を用いたオープン規格WebM（ウェブエム）の利用も進む。

（嘉村哲郎）

2-4 立体物

本節では初心者が始めやすい環境を意識し，なるべく無償もしくは安価に利用できるソフトウェアや機器の使用方法を解説していく。

3Dスキャナ

カメラで撮影しながらその画像を形状データへと変換，コンピュータ上で3Dモデルとして結合していく機器。2010年頃までは100万円以上する高価なものだったが，近年では3Dプリンタの普及に伴い安価な機器が流通している。MakerBot社のDigitizerは13万円程度，3D Systems社のSense 3D Scannerならば5万円を切る値段だ。もちろん値段が下がれば対象物の凹凸を検知できる精度や，コンピュータ上でのモデル生成時の精度も下がる。

デスクトップタイプ（MakerBot社Digitizerなど）

対象物をターンテーブルに載せて回転させながらスキャンする方法を採る。カメラで形状データを取得しながら，ターンテーブルの回転角から対象物をどの角度からスキャンしているのかを算出し，コンピュータ上で形状データを結合していく。カメラが固定されているため，ハンディタイプよりも安定してスキャンできるが，スキャン可能サイズはハンディタイプに比べると小さい。

ハンディタイプ（3D Systems社Sense 3D Scannerなど）

スキャナを手に持ち，対象物の周りを回りながらスキャンする方法を採る。カメラで形状データの取得した後にコンピュータ上で形状データを結合する点はデスクトップタイプと同じだが，対象物やその背景からスキャナの位置や角度を算出している。このため，コンピュータへの処理負荷が高く，スキャナをゆっくり動かさないと処理が追いつかず，スキャンに失敗することがある。

スキャン可能サイズ

現状の廉価スキャナで一度にスキャンできるのは，概ね野球ボール程度から人間1人分くらいである。ただし，フィギュアのように細かく精巧なものは正確なスキャンが難しく，あまりに大きなものは複数回のスキャンが必要なため，データ取得後は3Dモデリングソフトでデータ結合する手間を要する。

3Dモデル生成ソフト（フォトスキャンテクノロジー）

対象物を撮影した写真（静止画）から3Dデータを作成するソフト。3Dスキャナがほぼリアルタイムで3Dモデルを結合していくのに対し，こちらはあらかじめ撮影しておいた画像を読み込んで結合させていく。AgiSoft社のPhotoScan, Autodesk社のReMakeなどがあり，インターネット上からダウンロードできる。全方位に設置したカメラで一度に撮影する本格的なシステムもあるが，カメラ一つで少しずつ撮影してもよい。ただし，全方位から撮影をしておかないと，3Dモデル化できない部分ができてしまう点に注意が必要。

メッシュデータ

スキャンされたデータは，メッシュデータと言われ，三角形を基本単位とした複数の面で構成される。ファイル形式としてはSTLやOBJが多用されている。これらは，多くの3Dモデリングソフトでサポートされているファイル形式のため，ソフトの選定でそれほど神経質になる必要はないが，メッシュデータを扱いやすいものを選んだ方が良いだろう。Autodesk社のMeshmixerやPixologic社のSculptrisなどはインターネットから無償ダウンロードできる。

3Dデータの活用

デジタルデータ化することの大きなメリットは，形状データの共有が容易になる点だ。そして3Dプリンタがあればデータから現物を生成，複製や復元等ができる。現段階では技術的制約が多いものの，そのような3Dデータの共有と活用はデジタルファブリケーションのもたらす未来像のひとつと言えよう。

3Dモデルデータ共有コミュニティサービス

3Dモデルデータは自身のWebサイト等で配布しても良いが，3Dモデルデータをアップロード／ダウンロードできる3Dモデルデータ共有コミュニティサービスがある。MakerBot社のThingiverseやSkechfabなどがそれである。著作権などの諸事情がクリアできれば是非利用したい。

3Dプリンタ

最後に，3Dプリンタについて幾つかの語句を簡易的に解説する。

熱溶解積層法（FDM: Fused Deposition Modeling）

3Dプリンタにも多くの造形方式があるが，2010年に入ってから10万円を下回る安価な3Dプリンタとして話題となったのはこのタイプである。熱可塑性プラスチックを熱しながらノズルから直径0.2mm前後の線状に射出し，まるでソフトクリームのように積み上げて造形する。

光造形法（SLA: Stereolithography Apparatus）

光硬化型樹脂を使用し，光を当てながら層を重ねていくことで造形をする。このタイプは近年になって本体価格の低下やランニングコストの著しい改善が進んで注目されている。金額的にはまだFDMにはかなわないが，造形物の美しさはFDMより勝り，SLAの中でもプロジェクタの光源を利用して樹脂を硬化させるDLP（Digital Light Processing）方式は造形スピードに優れる。

積層ピッチ

積層する厚さのこと。これが細ければ表面が滑らかになり強度も増すが，造形に要する時間が増す。FDMのプリンタでは0.1～0.4mm程度のものが多く，SLAは0.025mm～0.1mm程度のものが多い。

フィラメント

FDMの3Dプリンタで使用する材料。代表的な素材は，一般的なプラスチック製品にも使用されているABSや，デンプンから作られる植物由来のPLA（ポリ乳酸）だが，近年ではPP（ポリプロピレン），ゴムライク，石膏ライク，ウッドライクなどの素材が開発されている。（田部井勝彦）

図1　フィラメント

2-5　インターネットサービスを利用して展開するための技術

ITの技術は，日進月歩の勢いで日々進歩していると言える。特にWebのシステムについては，常に新しい技術が出てきており，流行廃りが激しい。

例えば，デジタルアーカイブでの画像のビューワは，Adobe Flash（2016年にAdobe Animateに名称変更）を利用して，実現されていることが多かった。しかし，2016年には各Webブラウザが Adobe Flashの廃除に進んでいる。世界的に普及した技術であっても，継続的にサポートされなくなる可能性があるということである。このように特定ベンダー製品を使う場合は，注意が必要である。

以上のことを踏まえて，この節では，インターネット上で利用されている技術を中心に述べていく。

クラウドサービス

サーバ機器を購入しインターネットに接続し公開する形態（オンプレミスと呼ぶ）から，すでにインターネット上に接続されているサーバ群を利用する形態（クラウドサービス）が増えてきている。

クラウドサービスは契約時にコア数（Core），メモリ容量，ディスク容量が選択でき，契約後にすぐに利用できる利点がある。また，ユーザ自身で機器自体の保守は必要なく，法定停電もなく24時間365日利用が可能である。ハードウェアの故障への対応も基本不要である点でも運用コストが下がる。

クラウドサービスは簡便に利用でき，さまざまな提供ベンダーが多様な形態でサービスしているため，利用用途や金額によって選択が可能となる。

コア（Core）

コンピュータのCPU（中央演算処理装置）が物理的な単位ではなく論理的に表した意味である。特にクラウドサービスでは，コアの数を選択して処理速度を向上させることが可能となる。

なお，デジタルアーカイブシステム全体の性能は，コア数だけではなく，メモリ容量，ディスクの性能，ネットワーク性能に影響されるため，必ずしもコア数が増えると性能が比例して上がるわけではない。

メモリ

サーバが処理している時に利用できる記憶容量である。メモリが多いほど，システム全体の性能が上がるが，必要以上にあっても利用されず無駄になる。

ディスク

永続的に記憶する記憶装置である。ディスクはこれまでは，磁気ディスク（magnetic）上に記憶されていたが，最近はSSD（ソリッドステートドライブ）も選択できるようになってきている。SSDはメモリを利用して記憶しているが，電源が入っていなくても保持できる。磁気ディスクに比べて，より高速にアクセスが可能となりシステム全体の性能が上がりやすい。

大容量のSSDは高価であるが，システム全体の性能が上がる可能性が高い。

バックアップ

デジタルアーカイブシステムでは画像ファイルが非常に大容量になる可能性があり，バックアップの運用について検討が必要である。

少なくともサーバ上にしか存在していない場合は，何らかの事故により完全に消失する可能性がある。クラウドサービス上では，バックアップを支援するサービスを利用する方法がある。あるいは，ネットワーク上に設置できるファイルサーバ上に保存する方法もある。いずれにしても，自然災害などの事業継続計画（BCP）対応の視点からも，バックアップをどこに，どのようにして実施するかは十分に検討が必要である。

オープンソース

オープンソースとは，ソースコードが公開され，誰もが無料で利用できるソフトウェアである。インターネットの世界ではオープンソースを利用したシステムが多数ある。例えば，Webサーバ，データベースサーバ，プログラミング言語など，多数のソフトウェアがオープンソースで公開されている。

オープンソースを利用することで，最新の技術を無料で利用できるが，利用する側の責任と負担が増える。このため，オープンソースを利用して構築・保守ができる技術力を持ったベンダーが必要となる。

Webシステム

インターネット上で各種サービスを公開する場合，一般的に利用者はWebブラウザを通してサービスを利用する。このWebブラウザを通して利用する対象システムをWebシステムと呼ぶ。

Webシステムを支える技術的なキーワードとして，HTML5，スタイルシート（CSS），JavaScriptが上げられる。

HTML5

インターネット上で文書を記述するためのマークアップ言語である。Webブラウザを通して，文章や画像，ハイパーリンクなど様々な文章表現が可能である。HTML5の5は，仕様が改訂されている回数で，5はマルチメディア要素対応など大幅な改訂がされている。

CSS

HTMLで作成した文書を表示制御するためスタイルを記述するための言語である。例えば，HTMLで記載されている文章について，フォントの種類，大きさ，色を指定したりすることができる。また，ページ全体のレイアウトを指定することができる。

HTML5で文章の内容を記載して，CSSでその表現方法を記載する分担になる。

JavaScript

Webブラウザ上で動作するプログラミング言語の一つである。Webブラウザは追加の機能をインストールすることなしに，JavaScriptを動作させることができる。

JavaScriptを利用することで，Webブラウザ上で様々な動きがあるページの作成が可能である。

レスポンシブWebデザイン

パソコンやスマートフォン，タブレットなど様々なデバイスに対して，ページ内容や操作方法が最適化されたデザインの方法である。レスポンシブWebデザインに対応することで，各種デバイス向けにコンテンツやシステムをそれぞれ作成する必要がなく，1つのコンテンツとシステムで各デバイスに対応が可能となる。
主にCSSを利用して，レスポンシブWebデザインに対応した記述を行う。

IIIF

IIIF（International Image Interoperability Framework）は，インターネット上で画像共有のための共通の国際規格（54頁参照）。

IIIFは，デジタルアーカイブなど画像表示するシステムの共通の規格であり，オープンソースなどで提供されている。IIIFの技術を利用すれば，世界中で公開されているIIIF対応の画像サーバにアクセスし，画像を表示できる。

画像ビューワは，これまでアクセスするシステムによって不統一であったり，機能が十分ではなかったが，IIIFに対応したビューワを利用することで，改善される可能性がある。

脆弱性

脆弱性とは，Webシステムにバグ（障害）や盲点があると，システムへの侵入やコンテンツが改ざんされる不具合のことである。

インターネットに接続しているシステムでは，世界中からアクセスされるため，セキュリティを高める必要があるが，いくらセキュリティを高めてもバグなどで不具合が出てくる。

システムを運用する上では，可能な限りセキュリティを高め，重要なデータの安全を確保するために，日々脆弱性の情報を収集して，対応していく必要がある。インターネットに接続してシステムを運用していく上では，脆弱性対応は欠かすことができない重要な作業となる。　（井村邦博）

2-6　サーバ・ストレージシステム

デジタルアーカイブの構築にはデータを保存する大容量のデータストレージ装置や情報発信・活用のためのWebサーバ，通信回線等の情報システム基盤が欠かせない。本節では小中規模の組織を例にデジタルアーカイブに必要なサーバ・システムの用語を概説する。

デジタルアーカイブに必要なストレージ等サーバ・システムは，扱うデータ規模や組織により様々な構成が考えられることから，一例を図1に示す。

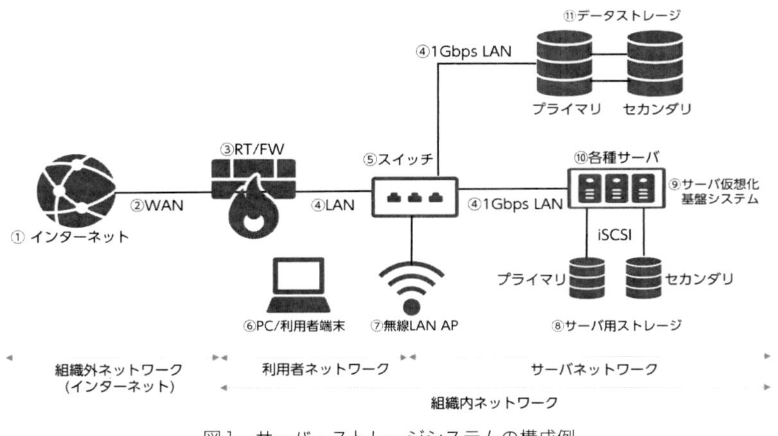

図1　サーバ・ストレージシステムの構成例

インターネット

世界中の通信回線網がつながったネットワーク空間。Webや電子メールはインターネットを使用した情報サービスである。

WAN：Wide Area Network

WANは広域回線網と呼ばれ，通信業者と通信回線を契約する。近年では1Gbps以上の速度をうたうサービスが一般的である。通信速度の単位1Gbps（ギガビットパーセコンド）をデータ容量の単位であるバイトにすると1秒あたり125MB（メガバイト）が転送速度になる（1MBを1024キロバイト換算，1GB（ギガバイト）=1024MB，1TB（テラバイト）=1024GB）。1Gbpsの速度で回線品質が100%の場合は4.7GBのDVDデータが40秒程で転送できる。通常，安価なサービスは1つの回線を複数の契約者で共有するベストエフォート（品質保証無し）のため，大学や企業では帯域保証サービスや専用回線を利用する。

RT：Router（ルータ），FW：Firewall（ファイアウォール）

インターネットと組織内ネットワークの境界に置かれる装置，外部からの不正な通信やサイバー攻撃がLANに及ばないよう防ぐファイアウォールの役割も備える。最近は外部だけでなくLAN側のセキュリティ対策も必要。

LAN：Local Area Network

組織内部のネットワーク。1Gbps以上のLANケーブル（カテゴリ5e～）が一般的である。これまでは1Gbpsが上限であったカテゴリ5e以上のケーブルで最大10Gbpsの速度を可能にするスイッチが登場し，LANの高速化が著しい。

スイッチ

スイッチングハブとも呼ばれ，LANケーブルで様々なネットワーク機器を中継する装置。ネットワーク構成により必要な機能を搭載したスイッチを用意する必要がある。図中ではネットワークを3つのセグメントに分割するためのVLAN（IEEE802.1q）を使用していることから，VLAN機能を搭載した機器が必要になる。

PC／利用者端末

WindowsやMacなどのコンピュータ。最近は無線LANによるネットワーク接続が一般的である。

無線LAN AP（アクセスポイント）

2015年後半に最大で6.93Gbpsの速度に対応する規格が登場した。現在は約300Mbps～1.3Gbps程度が主流。高速な無線装置を導入する場合はスイッチや基幹LANも転送速度に対応したネットワーク設計・構築が必要になる。例えば，LANが1Gbps，無線LANが1.3Gbpsの環境では帯域幅が不足して通信障害の原因になる。複数台APを設置する場合は装置の電波干渉を考慮した設定が必要になることも意識したい。なお，無線LANは必ず通信の暗号化（SSIDとパスワード）を設定すること。推奨される暗号化形式はWPA2。

サーバ用ストレージ

データベースやWebサーバのシステムデータを格納するサーバ用のネットワークストレージ。図1はiSCSIでサーバ仮想化基盤システムに接続している。SCSI（Small Computer System Interface）は古くからスキャナやMO，ZIPドライブ等の周辺機器接続に使われてきた規格である。iSCSIはSCSIをネットワークレベルで扱えるようにしたもの。ストレージのプライマリはメイン装置，セカンダリはシステムの故障に備えて耐障害性を高めるための冗長化装置（バックアップ）である。

サーバ仮想化基盤システム

近年のサーバ・システムはWebやデータベースサーバなど機能単位にハードウェアを調達するのではなく，1つの高性能なハードウェアに複数台のサーバを仮想的に構築するサーバ仮想化の仕組みを用いる。これによりハードウェア調達や電力コストを抑制できる等の利点がある。サーバ仮想化ソフトウェアは無償利用の製品もあるため，技術があれば自前で構築可能。

各種サーバ

ファイルサーバやデータベースサーバ，映像配信サーバなど機能単位でアプリケーションサーバを構築する。一台のサーバにこれらの機能を集約することもできるが，システム障害やソフトウェアのアップデート，セキュリティ対応に備えて機能単位に用意することが主流である。

サーバOSにWindows Serverを導入する場合はOSのライセンスの他にクライアントアクセスライセンス（CAL）が必要になるためライセンスの取り扱いに注意が必要。

データストレージ

デジタル化した画像や音声，映像データなどを蓄積する大容量のストレージ装置。ネットワークアクセス型装置（NAS）の場合は，専用の管理画面から共有フォルダを設定することで利用できる。一方，Windowsサーバに大容量のディスク領域を割り当ててWindowsの機能を利用したファイル共有も利用される。Windowsサーバやサードパーティ製のバックアップソフトと組み合わせて使用する場合は後者の方法を採る。
ストレージ装置は複数台のハードディスクドライブ（HDD: Hard Disk Drive）を論理的に1つのHDDに統合することで大容量のストレージとして扱える。このとき，1台のHDDに障害があった場合にシステム全体が故障しないようにRAID（Redundant Arrays of Inexpensive Disks）と呼ばれる仕組みを用いる。
RAIDは，レベル0，1，01，10，5，50，6など多数種類があり，HDDが4台程度ならばRAID5，6台以上のシステムではRAID6が推奨される。RAID6では同時に2台のディスクが故障した場合でもシステムの健全性が維持できる特徴を持つ。例えば4TBのHDD4台をRAID5で設定した場合，実際に使える容量はHDD3台分の容量になる。RAID6ならば2台分の4TBになる。
中規模クラスのNASには，ディスク故障が発生した際に自動で予備ディスクに切り替わるホットスペア機能を持つ機種もある。似たような用語にホットスワップがあるが，こちらはサーバやストレージ装置が故障した際に装置の電源を入れたままディスク等のパーツ交換ができることを言う。

小規模組織のサーバ・ストレージシステム

小規模な組織では，単一のNASをLANに接続して使うケースが多いだろう。NASが登場する以前は，ネットワーク上でファイル共有を実現するために専用のサーバ機を用いてファイルサーバの構築が必要であったが，現代のNASはファイルサーバの機能を標準に備え，Webサーバやデータベースサーバ等アプリケーションサーバの機能を持つ機種もある。多機能化したNASは設定項目が多岐に渡るため，各機能の理解やセキュリティを担保した設定が必要になる。使用の際は以下の点に注意されたい（NASの利用は「I-2-4. デジタルアーカイブの保存」も参照されたい）。

搭載ハードディスクドライブ（HDD：Hard Disk Drive）

最近では1台あたり10TB[1)] のHDDが登場し，小さな装置で大容量ストレージが実現できる。NASは24時間365日停止しないことを前提にしたNAS対応のHDDを用意する必要がある。デスクトップPCで使うようなHDDは耐久性に欠けるので注意が必要。最近ではフラッシュストレージの価格も下がってきたため，耐久性とデータの読書速度を重要視するならばSSD（Solid State Drive）の選択肢も考えられる。

共有フォルダ設定

アクセス権限やフォルダのディスク容量制限（クォータ）を設定して，不特定多数のアクセスやディスク利用量の超過を防ぐ。

ファイル共有プロトコル設定

LAN経由で共有フォルダを使うためには，ファイル共有のプロトコル設定が必要になる。MacとWindowsの両方からアクセス可能にするためにはSMB（Server Message Block）で設定する。AFP（Apple Filing Protocol）はApple製コンピュータで用いる規格のため，このプロトコルで共有フォルダが設定されていた場合はWindowsからアクセスできない。

サービス設定

NASにはストリーミングサーバやWeb，DBサーバ等様々な機能が搭載されていることが多い。

不必要なサービス設定はセキュリティホールの対象になり得るので停止させておくことが望ましい。

管理者設定

大抵のNASはディスクドライブの故障や不正アクセスがあった場合に管理者に通知する機能を備えている。障害発生の際は直ぐに対応できるよう，管理者への通知設定をしておきたい。（嘉村哲郎）

注

1）データ容量は，ハードディスクメーカーによっては1GB=1000MB換算で表示している場合がある。

使用アイコン素材

さくらのアイコンセット，SAKURA Internet Inc.（http://knowledge.sakura.ad.jp/other/4724/）

ICOOON MONO（http://icooon-mono.com/）

2-7 デジタルアーカイブ活用の技術——美術館・博物館の例

既にデジタルアーカイブを構築しており，そのデジタルアーカイブを利用したいと考えた場合，最初に思いつく手段はWebサイトでコンテンツを公開することであろう。利用者は現地に足を運ばずとも，公開コンテンツの情報を遠隔地から得られる。しかし，歴史資料や美術品などの文化資源をデジタル化することによりもたらされる効果は，それだけには留まらない。本節では，美術館や博物館を例にデジタルアーカイブを活用するための技術やサービスについて概観する。

デジタルアーカイブとして保管されているデジタルコンテンツ（デジタル化されたもの，ボーンデジタルの両方を含む）を展示で利用する場面としては，大まかに次の4つに分けることができる（図1）。

- ディスプレイへの投影
- モバイル端末での利用
- 実体資料との連携
- Webサイトでの展示

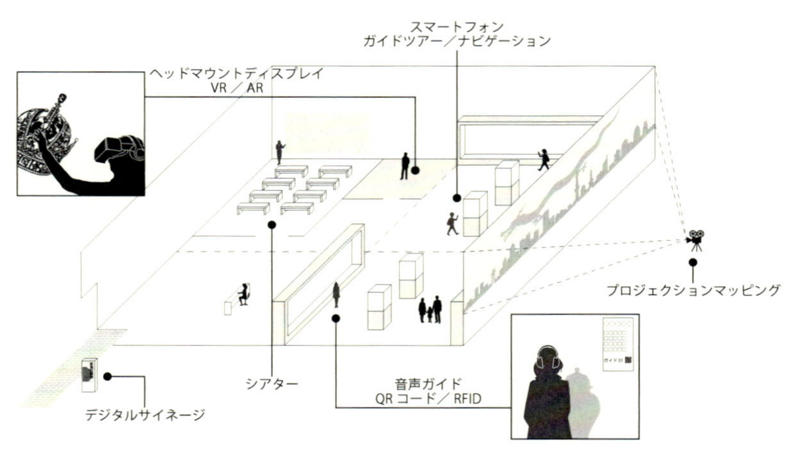

図1　デジタルアーカイブを利用した展示空間

これらの場面で使用されるデジタルコンテンツの多くは，実際の収蔵品を高精細で撮影した画像であるが，その他にも音声やコンピュータグラフィックス（CG）を用いたコンテンツが共に展開されることもある。

ディスプレイへの投影

最も一般的に利用されている活用方法は，ディスプレイへの投影であろう。主として高精細画像や動画像を博物館展示などに組み込む際に利用される。対象人数によって，その形態は異なる。大人数へは「シアター」や「デジタルサイネージ」形式をとり，大画面もしくは多画面へコンテンツを投影する。シアターは展示室とは別に独立した空間を設定する場合が多い。そして，個人を対象にした場合，「ヘッドマウントディスプレイ」や「モバイル端末」が使われる。

シアター

高精細画像や展示に関連した動画像を大画面にて放映する空間。専用のシアターを設置することが多く，大人数が同時に鑑賞可能である。基本的には同一コンテンツを繰り返し放映するが，オペレーターや解説者を配置している場合もある。放映するコンテンツは，アーカイブされている動画像をはじめとして，肉眼では鑑賞できないような展示品の詳細部分や内側，裏側，そして現在は失われてしまっている色彩や形状をデジタル復元した画像などである。

デジタルサイネージ

公共空間などに多数配置したディスプレイにデジタルコンテンツを配信し，往来する人々へ情報を提供する仕組み。紙媒体のポスターと比較し，配信元サーバで個々の配信先ディスプレイの提供コンテンツを変更したり，スケジュールを制御できたりすることから，人々への波及力が高い。

ヘッドマウントディスプレイ（HMD：Head Mount Display）

頭部に装着する個人向けディスプレイ装置。アイマスクの様にディスプレイが目を覆う「非透過型」のものと，メガネの様に透明な面に映像を投影する「透過型」に大別される。また，その中には両眼を覆うものと片眼を覆うものの両方が存在する。このディスプレイは，仮想現実（VR）や拡張現実

（AR）を体験する際に使用される（VR，ARについては後述）。両眼を覆う非透過型のHMDは視野全体をディスプレイで覆うため没入感が高く，立体的な画像の提供も可能である。また，頭部の動きを検出するセンサーと組み合わせたものでは，仮想現実感が一層強調される。一方，透過型のHMDは，現実の世界に情報を重ねて提示できるため，拡張現実感を体験するのに適している。

モバイル端末での利用

個々の観覧者に応じた詳細な解説や順路案内などを提供する方法として，モバイル端末が利用される。デジタルコンテンツの整備によって，豊富な情報提示やサービス提供が可能である。モバイル端末にて提供されるサービスとしては「音声ガイド」や「ナビゲーション」が一般的である。

音声ガイド

展示会や展示品についての音声解説を観覧者に提供するサービス。展示会場内で専用の端末とヘッドホンを貸し出すかたちが多い。観覧者は，掲示されている音声ガイド番号を手元の端末に入力することによって，対応する作品解説を聞くことができる。空間的な制約から展示会場内にて掲示できない多言語での解説も，音声ガイドを導入することによって実現が可能である。これら音声解説がデジタルアーカイブとしてWebサイトに公開されている例はほとんどないが，著名な研究者や俳優・声優が解説した音源が多数あり，これ自身も貴重な文化資源である。

ナビゲーション／ガイドツアー

展示順路を案内し，その場に応じた解説を行うサービス。広大な展示室では，現在地や目的の展示品までの経路を見失うことが多いが，モバイル端末に内蔵されている機能によって現在位置の取得が可能となり，最適な経路の検索と誘導も可能となっている。また，展示のガイドツアーは一般的に展示担当学芸員やボランティアガイドが数人の観覧者を引き連れながら行うが，モバイル端末にあらかじめツアーメニューを用意することにより，利用者は自身の興味や所要時間に応じたガイドを受けることができる。

スマートフォン

通話機能のみに限らず，Webブラウザなどの様々なアプリケーションをインストールできるモバイル端末。一般的には，大きなディスプレイを有し，通信機能や各種センサーを搭載している。大型のものはタブレットと呼ばれる。普及の傾向として，スマートフォンは観覧者が保有している自身の端末へ専用アプリケーションをインストールする利用形態をとり，タブレットは博物館・美術館などの展示開催側が観覧者に貸し出しする形態をとっている。音声と映像の両方を提示でき，GPSやWi-Fiを利用した測位が可能であるため，観覧者は豊かな情報サービスを少ない操作で享受することができる。多機能かつ汎用性の高い機器であるため，音声ガイドやナビゲーションといったサービスも専用端末を使用せず，スマートフォンにて展開される割合が多い。

QRコード，RFID（Radio Freguency IDentification）

モバイル端末から作品解説などへアクセスする方法として，番号入力や画面操作以外に，QRコードやRFIDがある。

QRコードとは，二次元バーコードとも呼ばれるもので，モバイル端末のカメラでコードを撮影することによって，コードに埋め込まれた情報を読み取る仕組み。

バーコードは一次元パターンで表現され，数字で最大13桁（JANコード）の情報を格納可能である。それに対して，QRコードは二次元パターンで表現され，バーコードの数百倍の情報を格納できる。数字では最大7,089桁を格納，その他にも英数字・漢字・カナも格納できる。モバイル端末に数字や文字の入力をしなくてもパターンを読み取るだけでよいので，多くの人々にとって簡便である。また，QRコードを無償で生成できるソフトウェアがあり，コードも大きさに制限はなく，印刷物や展示パネルなどへの導入がしやすい。

RFIDはICタグに記録された情報を電波を用いて無線通信する仕組み。バーコードやQRコードはコードをひとつひとつ読み取るのに対し，ICタグは同時に複数個を読み取ることが可能である。さらに，保持できる記録容量も大きい。電波を用いた非接触通信のため，ICタグとリーダーの間に遮蔽物があっても情報のやり取りが可能である。混雑した展示会場で使えたり，タグの小型化が進んでいるので作品鑑賞を阻害しない場所へ設置したりすることができる。

実体資料との連携

ディスプレイへの投影やモバイル端末での利用は，実物資料と独立して存在する展示とも言える。「VR, AR」や「プロジェクションマッピング」は，デジタルコンテンツと実物資料が一体となって魅力が高まり，展示や鑑賞に供されるものである。

VR／AR

仮想現実（バーチャル・リアリティ Virtual Reality），拡張現実（オーグメンティッド・リアリティ Augmented Reality）は，あたかも現実のように感じられる環境を提供する技術の総称。

VRとは，空間への没入感を高めるような映像や音響を提供することによって，現実感を高める技術である。三次元映像や立体音響をはじめ，触覚や嗅覚に訴えることもある。特に，視野を覆うHMDを用い，身体的な動き（歩行や身振り）と連動させるVRは作成された空間への没入感が高い。展示では，シアターやHMD装着で体験する場合が多い。

ARとは現実に存在する光景に人工的に作成した映像等を重ね合わせ提供する技術である。体験者が実際に存在している空間に応じて，映像等を付与していくため，拡張現実感と呼ばれる。展示においては，鑑賞している展示作品への情報や映像付与が一般的である。また，屋外の史跡などでは，現在消失してしまった建物をCGで再現して提供する場合が多い。

プロジェクションマッピング

実体物の外形にあわせて画像を投影することにより，実体物と画像が融合した新しい表現を提示する技術。文化資源と関連したプロジェクションマッピングは，歴史的・文化的価値の高い建造物の外壁へ，アミューズメント要素の高い画像を投影した表現が多いが，投影画像にデジタルアーカイブのコンテンツとして管理されている画像を用いている場合もある。

Webサイトでの展示

Web展示

展示室ではなく，自館のWebサイト上で展示会を展開する方法。館内案内とあわせて紹介されている場合が多く，展示の見どころや特徴的な展示作品を取り上げている。なかには，実際の展示室内をパノラマ撮影し，室内を巡ることができるようにしたものもある。

また，Webサイトでの展示は，会期が限られた展示会をアーカイブするという側面も有している。デジタルアーカイブの収録コンテンツは，作品一点一点を個別に保存し活用に資する形態が大多数であるが，作品同士の関連性を知るためには，展示された作品一覧や解説文などを含んだ展示会全体の情報が記録保存されている方が有意義である。（阿児雄之）

3 法律

3-1 デジタルアーカイブと著作権の制限

デジタルアーカイブは，コンテンツを蓄積するだけでなく，それを幅広く公開し，多くの利用者に利活用されて意味があるものである。著作権に関する法令は国によって異なるが，多くの場合は，作品がつくられた時点で，自動的に著作権が発生する。著作権を存する者（著作権者）は，作品（著作物）の利用をコントロールすることができる。例えば，作品を紙媒体からデジタル媒体にスキャンするときは，著作権のうち，複製権（無断に複製されない権利）がはたらく。スキャンした作品をインターネットで公開するときは，公衆送信権（無断で公衆に送信されない権利）がはたらく。一方，著作権には「権利制限規定」が定められており，この規定を用いて，利用者は無断で利用することができる。本項では，デジタルアーカイブに関連する著作権上の規定を見ていこう。

文化の発展

なぜ，著作権者でない者が作品を利用することができるのか。著作権法第1条では，「公正な利用に留意しつつ……権利の保護を図り」とあり，権利の保護と利用のバランスを目指している。完全にオリジナルな作品というものはなく，他の作品に影響を受け，また別の作品に影響を与えながら，さまざまな作品が生み出されている。また，すべての作品は，著作権法が定める一定の期間が過ぎた後は，社会の共有財として誰でも利用することができる。著作権法は，文化のサイクルを担保することで，文化の発展を支えている。

著作物

著作物とは，「思想又は感情を創作的に表現したものであつて，文芸，学術，美術又は音楽の範囲に属するもの」（著作権法2条1項1号）である。具体的には，小説，論文，脚本，講演，楽曲，歌詞，ダンス，写真，絵画，彫刻，書，マンガ，アニメ，ゲーム，地図，コンピュータ・プログラムなど多岐にわたる。

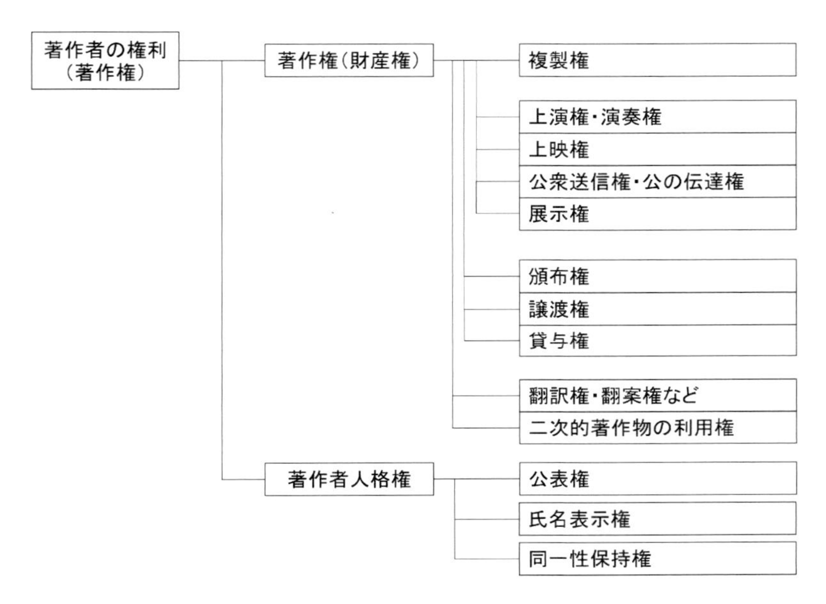

図1　「著作権」の種類

著作権

無断に作品を利用されない権利。言い換えれば，著作権者が他人による作品の利用をコントロールする権利である。著作権がはたらく行為を，著作権者以外が行う場合は，著作権者の了解（契約）が必要である。著作権は，複製権，公衆送信権など，種々の「権利の束」によって構成されている。

著作者人格権

著作者の名誉を守る権利。そのため，譲渡したり，相続したりすることはできない。作品を無断で公表されない権利，作品に付与する作者の名前（実名かペンネームかなど）を決める権利，自分の意に反して改変されない権利の3つからなる。著作者人格権は，著作者の死後，保護されないとされるが著作者人格権の侵害となるべき行為は禁止とは言えないが，遺族による差止請求が認められる場合がある。デジタルアーカイブの構築においても，権利者の存命中はもちろん，死後も遺族との関係から著作者人格権が課題になる場合もある。

著作隣接権

著作物を伝達した者に与えられる権利。演じる，演奏するというような実演家，CDやハードディスクなどに録音するレコード製作者，テレビやケーブルテレビを放送する放送事業者・有線放送事業者が，権利者となる。実演家・レコード製作者・放送事業者・有線放送事業者は，著作隣接権の範囲（作品の利用をコントロールできる内容）は異なる。音楽や映像作品をデジタルアーカイブする場合には留意が必要である。

保護期間

作品の著作権は，保護期間中，著作権者のコントロール下におかれるものの，一定の期間が経過すると消滅し，その作品は社会共有の財産となる。保護期間は国によってさまざまに定められている。日本は，原則，著作権者（著作権者は，作品の創作者であることが多い）の死後50年であり，欧米は，死後70年の国が多い。著作権の相続や譲渡，権利団体の解散が行われた場合に，作品の権利者の数はしばしば増加する。

複製権

無断で複製されない権利。複製とは，作品をコピーしたり，録画・録音したり，スキャナーなどにより電子的に読み取ることである。デジタルアーカイブの構築では多くの複製を行うため，権利処理を要する。

公衆送信権

無断で公衆に送信されない権利。公衆送信とは，インターネットでの配信，テレビ放送，FAX送信などである。デジタルアーカイブをインターネットで配信するにあたり，権利処理を要する。

図書館などにおける保存のための複製

図書館などでは，保存を目的として，著作権者の許諾なしで，図書館資料を複製することができる。欠損・汚損部分の保管や，損傷しやすい古書の保存などの場合が該当する。マイクロ変換やデジタル化による複製も可能である。

図書館などにおける絶版等資料の複製

図書館などでは，絶版等の理由で一般に入手が困難なものは，著作権者の許諾がなくても，他の図書館等からの依頼を受けて図書館資料を複製することができる。単に資料の価格が高額であることや，その入手に時間がかかることは理由にならない。

国立国会図書館における電子化・インターネット送信

国立国会図書館では，著作権者の許諾なしで，所蔵資料を電子化することができる。また，電子化された絶版等資料については，図書館等にインターネット上で送信し，パソコンで閲覧するようにできる。図書館等では，その資料を複製することができる。（井上奈智）

3-2 孤児作品

デジタルアーカイブの対象となる作品は，一般的に著作権・所有権・肖像権などの権利によって保護されている。そのため，図書館や博物館が，デジタルアーカイブを行うにあたり，原則として，権利者に許諾を得る必要がある。しかし，例えば，著作権についての許諾を得ようにも，

・著作権者が誰だか分からない。
・著作権者が誰かは分かったが，住所や連絡先が分からない。
・著作権者は亡くなっており相続人の範囲が分からない。
・相続人の住所や連絡先が分からない。
・著作権を持つ団体が休眠しており，連絡ができない。
・著作権を持つ団体が解散しており，権利の譲渡先が調べられない。

というように，著作権者の身元が不明になっている作品は少なくない。著作権のほかにも，作品の所有者が不明であれば，所有者の許諾が得られず，そもそも作業が進められないという問題がある。さらに，作品に登場する人物の肖像権を侵害していないかどうかの確認が必要になる場合もある。このように，著作権・所有権・肖像権の所在が不明である作品を，親（権利者）のいない孤児に見立てて，孤児作品（orphan works）と呼ぶ。そのうち，もっとも注目を浴びているのが，著作権が不明である「孤児著作物」である。著作権がある場合はもちろん，ないことが確実でなければ，権利者の許諾を得なければならないのが原則である。孤児作品は，権利者に連絡を取って利用を断られた作品と異なり，協議や交渉の機会すら与えられず，作品の利用が進まないということで，国内外のデジタルアーカイブを構築するにあたって，きわめて大きな課題になっている。

孤児著作物

孤児作品のうち，著作権の所在が不明な作品。著作権の有無が判明せず，また，著作権者を探す努力を尽くしても，連絡を取ることができない。許諾を取ることができないため，利用が進まずに死蔵される。孤児著作権が生まれる背景として，次の4つが挙げられる。

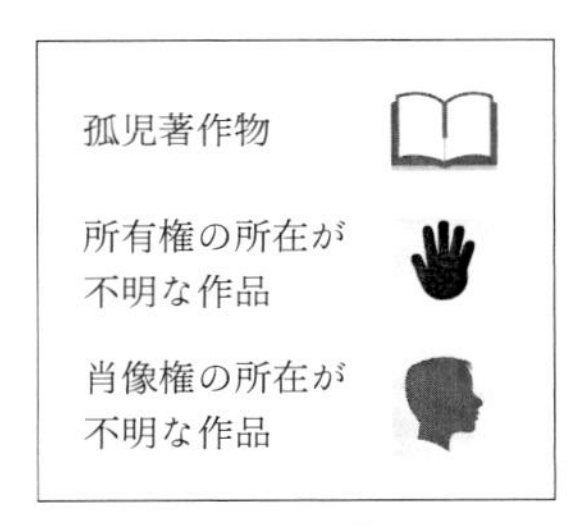

図1　孤児作品

①著作権は，手続きを一切行わずに自動的に付与される。これを無方式主義という。日本を含む160ヵ国以上が加盟するベルヌ条約に定められており，大半の国で採用されている。無方式主義は，簡便に権利が発生するメリットがあるが，著作権者や連絡先が付されずに作品が流通することが少なくないため，権利者情報と権利者情報が乖離しやすいという構造を持つ。ただし，方式主義であっても，登録時の内容は確認できるものの，必ずしも権利者情報が付与されるわけではない。
②著作権の保護期間が長く，保護期間の存続中には，権利の継承が広範囲に及ぶことが多い（116頁「保護期間」の項を参照）。
③個人情報保護法の成立などから，個人情報やプライバシー意識が高まったことで，個人情報の扱いが慎重になり，著作権者の情報を調査しにくくなった。
④デジタル機器やインターネットの普及により，これまで作品の制作を一部の作者や団体が担っていた状況から，誰でも作品を制作，編集，校正できるようになった。同時に，作品や利用や引用・転載が非常に容易になった。私たちは，スマートフォン・PCを用いて，日常的に作品を生み出し，手を加え，気軽に利用している。

これらを背景に，孤児著作物が生み出され続けている。孤児著作物の絶対数の増加と，孤児著作物の権利処理の負担が，ビジネスや文化機関のデジタルアーカイブにおいて，大きなコストになっている。

所有権の所在が不明な作品

孤児作品のうち，所有権の有無や所有者の連絡先がはっきりしない作品がある。図書館・博物館などの機関に寄託や寄贈をしようにも，所有者不明であれば受け取ることができず，デジタルアーカイブの作業を進めることができない。例えば，被災地で発見された写真やビデオの所有者が不明で，デジタル化ができず，展示することができない，という問題が実際に起きている。映画やテレビの制作を担う現象所に保管されたフィルムを，保存のために他の機関に移管しようにも，制作した団体の解散や休眠によって所有者が分からなくなり，連絡が取れないようなケースも生じている。

肖像権の所在が不明な作品

孤児作品のうち，肖像権の有無や肖像権を持つ者の連絡先がはっきりしない作品がある。肖像権とは，自身の私生活上の容姿を無断で撮影させず，また，動画や写真を無断で公開をさせない権利である。有名人だけでなく，一般人でも認められる。直接規定された条文はないが，判例の積み重ねによって認められている。肖像権が認められるかどうかは個々のケースによるが，認められる場合は，デジタルアーカイブの作業にあたり，作品の著作権者（例えば，写真や映像の撮影者）に利用の許諾を得ても，被写体の人物に許諾を得る必要がある。被写体の人物を特定できず，また被写体の連絡先が不明な場合も多い。被写体の許諾を得られなければ，作品の利用にあたって，モザイクなどの加工を施すことになる。しかし，写真や映像に加工を施すと，作品の訴求力や史料価値は大幅に減退する。また，被災者や犯罪者が被写体となる場合に，公開の是非や，加工の程度は慎重に検討する必要があるだろう。なお，有名人の肖像には，顧客吸引力を中心とした経済的価値を保護する「パブリシティ権」が存在する場合もある。経済的価値を保護する権利であるため，非営利のデジタルアーカイブであれば，関連は希薄であると考えられる。

（井上奈智）

3-3　各国の孤児作品対策

権利者がはっきりしている作品は，作品を法的に使える状態にする「権利処理」(124頁を参照) の手順が比較的簡素である。しかし，権利の所在が曖昧な作品 (孤児作品) は，権利処理のコストが大きく，コストをかけたとしても，連絡先の所在を確実に特定できるかどうかが分からない。権利処理のコストに阻まれて，デジタルアーカイブ化が断念されたケースも少なくないと考えられる。大英図書館の調査では，保護期間中の可能性がある作品の約43%が，孤児作品である。国立国会図書館では，明治期に刊行された72,730冊の約71%が孤児作品であり，著作者の洗い出し・保護期間調査や連絡先調査に，1冊あたり1,225円以上をかけているという。各国で様々な孤児作品の対策が導入，検討されている。とりわけ，保護期間が長くなると，権利移転を把握しにくくなるため，現在の著作権者にたどり着くことが困難となり，孤児作品の増大が助長される。そのため，保護期間を長期化させる政策をとる場合は，同時に，孤児作品の対策も求められる。

文化庁裁定制度

著作権者が不明であるなどの理由で作品の利用許諾が得られない場合，文化庁長官の裁定に基づき補償金を供託することによって，利用を可能とする制度。日本の著作権法が用意する孤児作品の対策である。NHKや国立国会図書館は，この制度を利用し，デジタルアーカイブの構築を進めている。2009年の著作権法改正によって，著作隣接権が不明の場合も利用できるようになり，裁定申請中でも利用できるようになった。運用改善が続いているものの，申請の負担は重く，利用実績は約40年間で200件程度である。今後，より円滑な運用にしたとしても，活用されればされるほど，行政の負担が増大するため，裁定制度を軸に孤児作品の対策を続けるのは限界があると思われる。文化庁裁定制度は，カナダや韓国にも類似の制度があり，強制許諾制度の一形態に分類される。

著作権登録制度

権利移転の経緯や現在の帰属関係を，任意に文化庁に登録することができる制度。著作権の法律事実を公示する，あるいは著作権が移転した場合の取引の安全を確保する意義がある。孤児作品対策の観点では，無方式主義の下

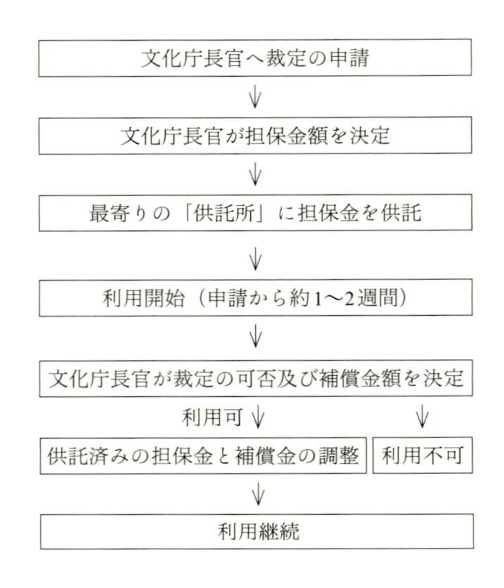

図1　裁定制度の申請の流れ

で著作権登録が行われること自体が稀であるため，登録によって，孤児作品の発生を防ぐことにはほとんど貢献していないと思われる。

拡大集中許諾制度

著作物の利用者や利用者団体と，著作権者を代表する集中管理団体との間で締結された利用許諾契約の効果を，集中管理団体の構成員でない著作権者にも及ぼす制度。ECL（extended collective license system）とも呼ばれる。権利者の委託（オプトイン）があるものだけでなく，権利者の委託がないものでも，その意思に反しない限り（オプトアウトしない限り），許諾の対象として管理する。デジタルアーカイブの構築を進める上で，多数の孤児作品を権利処理の対象にできる。権利処理の時間的・金銭的なコストが少ない。英国では，裁定制度とECLを組み合わせた制度を採用し，孤児作品の対応を行っている。

フェアユース

著作物を公正利用する場合，著作権の効力は及ばないという包括的な規定をいう。米国法などにみられる。日本では，急激な社会変化の中で，個別の立法では現状においつかず，著作権法の条文が複雑化している。権利者に市場で悪影響がないことなどを条件に，たびたび導入の是非が議論されている。孤児作品の対策として有効とされるが，公正利用の範囲が明確でなければ，デジタルアーカイブの作業が著作権侵害とされるリスクがある。

EU指令

2012年に成立した「EU孤児著作物指令」によって，孤児作品を非営利目的でデジタル利用することができるようになった。電子図書館の実現という公的な目的で，図書館や博物館，教育機関，放送機関などが主体となる。入念な調査と，EUIPO（European Union Intellectual Property Office 欧州連合知的財産庁）の管理するデータベースに登録を行うことで，この仕組みを利用することができる。孤児作品の状態は，EU各国において相互に承認される。各国が，本指令を基にした例外や制限を設けるというアプローチを採用している。EUIPOは2016年に改称されており，旧称はOHIM（Office for Harmonization in the Internal Market）という。

クラスアクション制度

訴訟に参加した当事者のみに判決の効果が及ぶ日本の制度と異なり，判決の効果が当事者以外の共通点をもつ一定範囲の人びと（「クラス」と呼ばれる）にも効果が及ぶ制度。米国法などにみられる。Googleは，主要な図書館と連携して蔵書をスキャンしてサーバに蓄積し，Google booksと呼ばれるサービスを提供している。ユーザーは，保護期間の切れているものは作品の全文が，存続しているものは作品の一部が閲覧できる。2005年，米国作家協会と数名の作家が，Googleを著作権法違反として提訴した。作家とGoogleで和解案が合意され，Googleが収益の一部を作家に還元することで，事業が継続できることとなった。この和解案で，クラスの範囲が大幅に拡張され，ベルヌ条約に加盟する世界中のほとんどの国の作家にも及ぶことになったため，多くの国で反発が起きた。和解案は修正されたが，結局承認はされなかった。2016年，最終的に，クラスを大幅に限定した上で，Googleのフェアユースが認められた。初期の和解案は，実現しなかったものの，クラスアクション制度とベルヌ条約を用いて，孤児作品問題の全面的な解決を目指す試みであった，という捉え方もできる。（井上奈智）

3-4　権利処理

デジタルアーカイブに収める写真や本，記録など一切の情報については，著作権などの権利の有無を調査し，権利のある著作物（作品）については権利者の許諾を得る必要がある。これを権利処理という。ひとつの著作物につき，ひとりの権利者のみではなく，複数の権利者がいる場合が多い。書籍を例にとると，筆者・作者，イラストレーター，写真家，出版社などが権利者になりうる。テレビ番組であれば，テレビ局や製作委員会，原作者，脚本家，音楽家，出演者，取材先や撮影先，借用映像や写真の提供者，タイトルCG作成者などが，権利者になると考えられる。著作権や著作隣接権だけでなく，所有権や肖像権も考慮する必要がある。権利者のひとりでも許諾を得ることができなければ，著作物全体を利用することができないのが原則である。利用を断念するか，同一性保持権を侵さなければ，編集などを施して権利処理ができなかった範囲を除いて利用することとなる。本節では，著作権の処理手順を概説する。

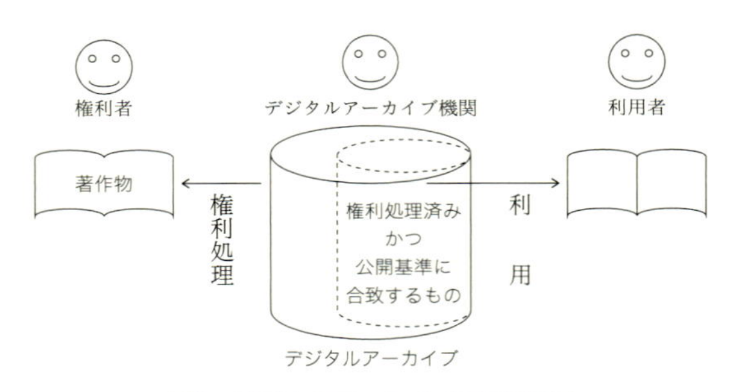

図1　デジタルアーカイブの利用範囲

許諾

著作物を利用するにあたり，原則として，権利者に著作物の利用の許諾を得る必要がある。これまでは口頭で許諾を得る場合も少なくなかったが，後のトラブルを防ぎ，利用の範囲を明確にするため，文書など，後になって許諾の有無や内容に関する争いが生じにくいよう，許諾については証拠が残る方法による許諾が望ましい。デジタルアーカイブの構築にあたっては，一時的な利用（例えば，一度きりの放送）のみの利用でなく，デジタルアーカイブにおいて想定される利用方法に関する取り決めを含める必要がある。また，災害アーカイブにおいては，しばしば所有者と著作権者が異なることから，著作権者かどうかをよく確認することが重要である。

公開基準

権利処理を行った著作物をすべてデジタルアーカイブとして提供できるわけではなく，所有権や肖像権に配慮して，公開を見送る場合も考えられる。例えば，ご遺体や怪我人の公開は判断の是非が悩ましい。また，著作物を貸与する団体やコレクターの意向によって，デジタルアーカイブの対象外とするように求められる場合もある。各アーカイブ機関が，アーカイブの特性に合致した公開基準を設定することが望ましい。公開基準は，社会背景などによって変化するため，時流に沿った基準を定める必要がある。

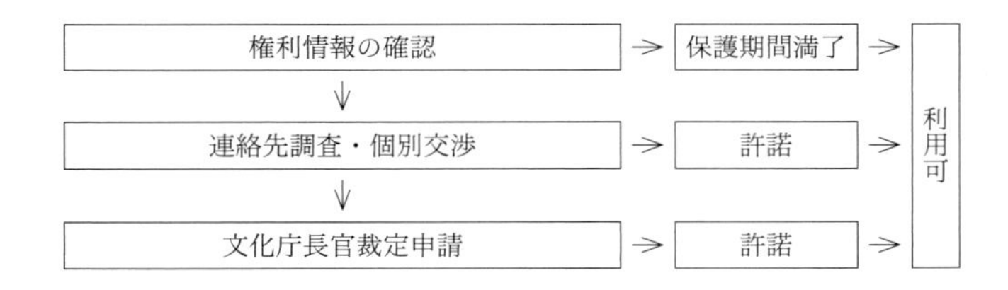

図2　著作権の権利処理の流れ

権利情報の確認

当該資料に関わる全ての著作者を洗い出す作業である。

①書籍

書籍の権利者は，筆者・作家に留まらない場合も少なくない。表紙，目次，標題紙，奥付などに記載される著作者のほか，序文，後書き，挿絵など，全ての著作物とその著作者についても洗い出す必要がある。

②テレビ

テレビ番組は，一般的には，テレビ局（放送事業者）が著作隣接権を有し，他の著作権は著作者に帰属する場合が多い。権利情報は，テレビ局が管理するデータベースに記載されている場合もあるが，不十分な場合は番組を試写して権利者を洗い出す。ドキュメンタリーなど借用映像の多い番組や一般人が権利者になる番組は，権利者の特定作業が大変困難である。現在は，制作の段階で書面での許諾を得ることが多い。

③映画

映画の著作権は，一般的には，映画製作者に帰属する。著作権を持つプロダクション，またはプロダクションから著作権の移転を受けた映画製作委員会が著作権者となる。しかし，映画の中で登場する音楽によっては別途音楽の権利処理が必要となる場合や，脚本家などその他の著作者の許諾が必要となってくる場合もある。著作権者との契約内容によって，権利処理の範囲が違ってくるため，個別に確認することとなる。

④音楽

国内の楽曲については，著作権管理団体であるJASRACに，90%以上が委任されているため，一般的には，JASRACとの包括的な協定によって処理される。なお，CDに収められた楽曲を使う場合には，著作隣接権を持つレコード製作者またはレコード協会などの許諾が必要となる。

著作隣接権の権利処理

法の定めたある特定の方法，形式で著作物を伝達した者に与えられる権利である。例えば，CDに収められた楽曲の場合，作詞，作曲家などには著作権があり，実演家である歌手や演奏家，またレコード会社には著作隣接権があるため，デジタルアーカイブの構築にあたっては，すべての許諾を得る必要がある。

肖像権の権利処理

肖像権を有する被写体の許諾を得られなければ，著作物の利用にあたって，モザイクなどの加工を施すことになる。しかし，写真や映像に加工を施すと，著作物の訴求力や史料価値は減退する。また，被災者や犯罪者が被写体となる場合に，公開の是非や加工の程度は慎重に整理する必要がある。公開基準を整備した上で，個々のケースについて判断を行う。

保護期間

著作権の保護期間が存続中は，利用にあたって許諾を得なければならないが，古い著作物などで保護期間が終了したものは，権利者の許諾なく利用することができる。保護期間にはいくつかの例外がある。例えば，日本との平和条約を批准した連合国・連合国民の著作物については，「戦時加算」の対象となり，戦争期間の著作物の保護期間が，10年程度延長される（国によって期間が異なるため，個別に確認すること）。また，著作権法規が現在と異なる時代の著作物については，著作権が消滅している場合がある。例えば，著作物は昭和32年までに公表された写真の著作物の著作権や，昭和28年までに公表された映画の著作物の著作権は，一部を除いて，すべて消滅している。

連絡先調査・個別交渉

名簿・名鑑類，インターネット上の検索サービス・公開調査を用いたり，研究者・学会，出版社，公共図書館・公文書館，市町村役場，所属機関・団体などに照会して情報を求めたりして，没年や連絡先を調査する。この時点で連絡先が判明しない孤児作品も少なくない。判明した著作権者に対し，著作物の利用許諾依頼状を送付し，回答を得る。また，使用料の交渉および支払いを行う。使用料で折り合わないことも少なくないため，粘り強い交渉が求められる。

文化庁長官裁定申請

著作権者が不明など，許諾を得ることが困難である場合，文化庁長官の裁定を受け，補償金を供託することで著作物の利用ができる。著作権者だけでなく，実演者が不明な場合にも利用可能である。必要事項を記入した申請書および著作権者と連絡が取れないことを証明する資料を添えて，文化庁長官に提出する。

（井上奈智）

3-5　CCとデジタルアーカイブ

デジタルアーカイブのコンテンツを二次利用する場合に，著作権が存続していれば，著作権者に許諾を求めることになる。利用のたびに問い合わせるのでは，著作権者にとっても利用者にとっても手間になる。また，著作権者の中には，著作権法に定められたすべての権利を主張しなくてもよいと考える人もいる。例えば，非商用なら使ってもよい，改変しないなら使ってもよい，というように，ある利用に限っては許諾を求めないのである。これまで，権利者の意思を表明する一般的な方法がないことで，作品の利用に不便をきたしていた。この課題に対応するため，著作権者が，著作権制度の下で，「パブリック・ライセンス」を作品に付与することで，利活用を促進する仕組みがある。もっとも著名なものが，クリエイティブ・コモンズ（CC）である。

パブリック・ライセンス（Public License）

広く一般に使われることを目的として作られた意思表示のルール。著作権とは，権利者の許諾をなくして利用者が勝手に利用しないように，権利者が作品をコントロールする権利である。権利制限規定の下で利用するのであれば許諾は不要であるが，原則として，著作権者からの許諾を得る必要がある。CCに代表されるパブリック・ライセンスを用いると，あらかじめ著作権者によって表明された条件に従って，他人が作品を利用できるようになる。これは，利用者が利用する段階になって権利処理するという後追いでなく，作品を発表する段階で，権利者が自発的に，事前の意思を簡単に表明することができる仕組みといえる。

クリエイティブ・コモンズ（Creative Commons）

クリエイティブ・コモンズ（CC）とは，作品の利用と流通を図ろうとする活動の名前であり，その活動を行っている団体の名称でもある。その名のとおり，創作の（クリエイティブ）共有地（コモンズ）をつくり，著作権法の下では抑圧されやすい，二次創作やコラボレーションを促進することが企図されている。CCは，法学者ローレンス・レッシグによって提唱され，2002年に米国で開始された。CCの下地になったのは，ソフトウェア・プログラムのソースコードをパブリック・ライセンスの下で公開して，ソフトウェアやプログラミングの自由を最大限に確保しようとする，「フリー・ソフトウェア運動」である。

クリエイティブ・コモンズ・ライセンス（Creative Commons licenses, CCライセンス）

CCで用いられるライセンスである。CCライセンスは，権利のない状態であるパブリック・ドメインと，著作権法で定められたすべての権利を持つ状態（All rights reserve）の「中間」の利用領域を，4つのライセンスの組み合わせによって示すことができる。CCライセンスの特長として，次の3つが挙げられる。

①一般ユーザーが簡単に扱える。CCライセンスは，簡素で分かりやすく，使いやすい。法律や技術に関する専門的な知識がなくても，自分の希望する条件を組み合わせることで，自分の作品を，インターネットなどを通じて世界に発信することができる。
②法律の専門家にも対応する。法的に詳述した「利用許諾」を公開しており，争いが起きた場合は，法律家が参照することもできる。
③検索エンジンがCCライセンスを理解できる。Webページのメタデータにも CCライセンスを埋め込むことできるため，検索エンジンがそのページを収集するときに，権利情報（CCライセンスの利用条件）をセットにして保持できる。

クリエイティブ・コモンズ・ライセンスの付け方

多くの作家が希望すると思われる典型的な4つのライセンスを準備し，アイコンを定めている。4つのライセンスとは，「表示」「非営利」「改変禁止」「継承」である。作家は，4つのアイコンを組み合わせて，自分の作品の利用条件を発信することができる。

パブリック・ドメイン（publicdomain, PD）と CC0（Creative Commons Zero：クリエイティブ・コモンズ・ゼロ）

パブリック・ドメインとは，クリエイティブ・コモンズ以外でも広く使われる用語で，作品の著作権が消滅した，または最初から発生していない状態である。一方，CC0は，作者が著作権の残置する作品について（PDになりえ

表1　クリエイティブ・コモンズ・ライセンスの付け方

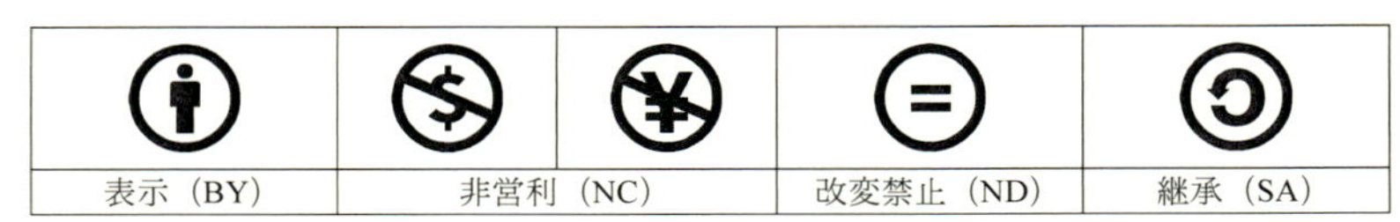

表示（BY）	非営利（NC）	改変禁止（ND）	継承（SA）

表示	作品のクレジットを表示すること
非営利	非営利目的で使用可能であること
改変禁止	元の作品を改変しないこと
継承	作品を改変して新たな作品について，元の作品と同じCCライセンスを継承すること

		あなたの作品の商用利用を許しますか？	
		許します	許しません
あなたの作品の改変を許しますか？	許します	表示（CC BY）	表示－非営利（CC BY-NC）
	許します 同じCCライセンスを継承してください	表示－継承（CC BY-SA）	表示－非営利－継承（CC BY-NC-SA）
	許しません	表示 - 改変禁止（CC BY-ND）	表示－非営利－改変禁止（CC BY-NC-ND）

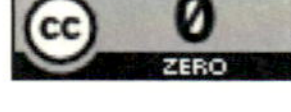
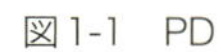

図1-1　PD

図1-2　CC0

ないものについて)，完全に自由に利用してもよいと表明するときに用いる。

クリエイティブ・コモンズの導入例

クリエイティブ・コモンズは各国で導入されている。マサチューセッツ工科大学といった教育分野，米国のホワイトハウスのWebサイト，オーストラリア政府の情報全般といった政府分野のほか，Wikipedia，YouTube，Flickrのような Webメディアでも使われている。2016年には，米国のメトロポリタン美術館の375,000点にも及ぶデジタルコレクションがCC0で公開され，大きな話題になった。日本では，鯖江市・横浜市・流山市などの自治体がクリエイティブ・コモンズを導入している。文化機関では，東寺百合文書(とうじひゃくごうもんじょ)WEBの事例がよく知られている。以前は，画像を使用する際は利用申請が必要だったが，現在は，インターネット上のコンテンツをCC BYで提供している。この試みは，資料の著作権が消滅していたことがその前提にあるが，何より担当者のコンテンツをより活用してほしいという熱意によって実現したという。文化庁では，2013年に，独自ライセンスの「CLIPマーク」を廃止し，CCライセンスの支援を決定した。

パブリック・ライセンスのこれから

CCライセンスは，パブリック・ライセンスの一つである。現在はCCライセンスがもっとも著名であるが，今後のスタンダードが変わる可能性もある。例えば，Rights Statements。文化施設のように，第三者の作品を扱う機関で使い勝手がよいとされ，注目を集めつつある。CCライセンスも改変を少しずつ重ね，現在は2013年11月に公開されたバージョン4.0が採用されている。パブリック・ライセンスの動向をキャッチアップし，運営するデジタルアーカイブにふさわしいパブリック・ライセンスを導入・維持するようにしたい。

権利情報

デジタルアーカイブのメタデータには，CCライセンスのような，権利の状態を示す権利情報を掲載することが重要である。ユーザーがアーカイブされた作品を利用するにあたり，権利情報の調査を要すると利用が促進されない。権利情報には，著作権など権利の有無や，利用可能な範囲，さらには著作権者の連絡先を含めると利用の際に大変至便である。　(井上奈智)

3-6　TPPとデジタルアーカイブ

TPP協定（環太平洋パートナーシップ協定：Trans-Pacific Strategic Economic Partnership Agreement）は2016年2月に12か国により署名され，日本においては関連法案と合わせて同年12月に国会において承認・可決された。その後，米国が離脱の意思を表明したが，米国以外の11か国は協定発効に向けた検討を開始することで合意した。

2017年8月には11か国によるTPP成立に向けた再交渉が行われ，一部報道によれば知的財産権の保護期間もその対象となったようである。本稿執筆時においてはTPP11の成立は依然として不透明であるが，以下，2016年に署名された内容を前提として，TPP協定のデジタルアーカイブ構築への影響について解説する。

TPP協定

TPP協定とは，2016年2月に，オーストラリア，ブルネイ・ダルサラーム，カナダ，チリ，日本，マレーシア，メキシコ，ニュージーランド，ペルー，シンガポール，米国，ベトナムの合計12か国により署名された経済連携協定である。その目的は，アジア太平洋地域において，モノの関税だけでなく，サービス，投資の自由化を進め，知的財産，電子商取引，国有企業の規律，環境など幅広い分野において新たなルールを構築することにある。TPP協定の内容は多岐にわたるが，特許権，商標権，意匠権，著作権その他の知的財産権等の保護に関する内容も含んでおり，日本との関係では，特に著作権法への影響は無視できない。

TPP協定と国内関連法案

TPP協定は多国間条約であり，その締結のためには，条約への署名に加え，国会の承認が必要となる（憲法73条3号）。また，条約の内容を国内で実施するためには，その内容に沿った国内法の施行が必要となる。冒頭に記載のとおり，日本においてTPP協定はすでに国会承認を得，その内容を国内で実施するための関連法（著作権法改正法（以下「改正法」という）を含む）も成立した。

関連法の施行日

TPP関連法の施行日は，TPP協定が日本について発効する日である。TPP

協定は，(a) 協定への署名から2年以内に参加全12か国が議会承認など国内手続きを完了するか，(b) 全12か国の国内手続が2年以内に完了しなかった場合は，12か国のGDPの合計の85％以上を占める少なくとも6か国が国内手続きを終えた場合に発効することとされている。

もっとも，米国がTPPを離脱したことをふまえ，TPP協定の発効要件は修正されるであろう。

TPP協定と著作権関連条項

TPP協定が定める内容のうち，日本において著作権法改正の対象とされたのは，①著作物等の保護期間の延長，②著作権等侵害罪の一部非親告罪化，③法定損害賠償又は追加的損害賠償に関する制度整備，④アクセスコントロールに関する制度整備，⑤配信音源の二次使用に対する使用料請求権の付与の5点であるが，本項ではこのうち①〜③について取り上げる。

現行著作権法と保護期間

現行著作権法[1)] は，原則として著作者の死後50年（映画の著作物の保護期間は公表後70年）を著作物の保護期間とする（著作権法51条・54条1項。以下は断りなき限り著作権法の条文を指す）。無名・変名及び団体名義の著作物については公表後50年である（52条・53条）。なお，著作者の死亡や公表を基準とする場合には，その翌年の1月1日から起算する（57条）。

実演，レコード及び放送・有線放送の保護期間はそれぞれ，実演，レコードの発行及び放送・有線放送を行った時の翌年から起算して50年である（101条1項，2項）。

保護期間の延長と改正法

TPP協定は，著作物，実演又はレコードの保護期間を，①人の生存期間に基づいて計算される場合は生存期間及び死後少なくとも70年，②①以外の場合は，当該著作物，実演又はレコードの権利者の許諾を得た最初の公表年から少なくとも70年等としている。

これをうけて，改正法では50年であった保護期間が70年に延長されている（表1参照）。アーカイブとの関係では，保護期間の延長により「孤児著作物」（別項参照）が増え，権利処理コストが増大することが予想される。なお，保護期間が延長されるのは，改正法の施行時点において保護期間満了前

表1　TPP協定発効後の著作物等の保護期間

種類		現行法	改正法
著作物	原則	著作者の死後50年	著作者の死後70年
	無名・変名	公表後50年	公表後70年
	団体名義	公表後50年	公表後70年
	映画	公表後70年	公表後70年
実演		実演後50年	実演後70年
レコード		発行後50年	発行後70年

（下線部は変更箇所を示す）

のものに限られるとされている。

戦時加算

日本では第二次世界大戦中に連合国民の著作権が実質的に保護されていなかったとして，サンフランシスコ平和条約において，戦時期間を保護期間に加算することが義務付けられている（連合国及び連合国民の著作権の特例に関する法律4条）。具体的には，開戦前日である昭和16年12月7日から各連合国との平和条約の締結日前日までの期間が加算される。そのため，TPP協定署名国のうち，アメリカ，カナダ，オーストラリア及びニュージーランドとの関係では，保護期間がさらに延長されることになる（米・加・豪は3794日，ニュージーランドは1607日加算される）。

TPP協定の交渉にあたっては戦時加算撤廃の議論もなされたが，本項執筆時点までに撤廃には至っていない。

現行著作権法と刑事罰

著作権侵害は，民事上の差止請求や損害賠償請求の対象となるほか，刑事罰の対象にもなる。著作権法は，侵害者を最大で10年以下の懲役又は1000万円以下の罰金に処し，法人に対しては3億円以下の罰金を科すことを定める（119条～124条）。

著作権法が定める刑事罰は原則として「親告罪」，すなわち，著作権者等の告訴がなければ公訴を提起して刑事訴追できない（123条）。

TPP協定による非親告罪化

TPP協定は，告訴がなくても刑事訴追を可能とすべく，故意による商業的規模で行われる著作権又は関連する権利を侵害する複製等を非親告罪とする。もっとも，非親告罪とする対象は，著作物等を市場において利用する権利者の能力に影響を与える場合に限定できることとされた。商業的規模で行われる行為には，①商業上の利益又は金銭上の利得のために行われる行為のほか，②①以外の重大な行為であって，市場との関連において著作権又は関連する権利者の利益に実質的かつ有害な影響を及ぼすものが含まれる。

非親告罪化をめぐる改正法

非親告罪化をめぐっては，柔軟に海賊版対策を行うためには好ましいとの意見もある一方で，非親告罪化により刑事罰を恐れ，二次創作文化やビジネス活動が萎縮すること等が懸念された。

そこで改正法で，海賊行為のような正規品市場と競合する罪質が重い行為を非親告罪とすべく，非親告罪化の対象を，①財産上の利益を得る目的又は権利者の利益を害する目的があること，②有償著作物等（有償で公衆に提供・提示されている著作物，実演等）を原作のまま公衆へ譲渡又は公衆送信すること，③権利者の利益が不当に害されること，の3要件をすべて満たす場合に限定している（改正法123条2項・3項）。

これを前提とすると，たとえば海賊版の販売は非親告罪となる行為だが，パロディなどいわゆる「二次創作」作品の販売など原著作物を「原作のまま」提供しない場合は引き続き親告罪とされる。

なお，著作権法は，著作権等侵害罪の他，著作者人格権又は実演家人格権の侵害罪（119条2項1号）等も定めるが，同罪は改正法でも親告罪のままである。

現行著作権法の損害賠償制度

著作権侵害による損害賠償請求が認められるためには，権利主張者が著作権を有すること，加害行為，加害行為についての故意・過失，損害の発生及び額，加害行為と損害との因果関係を，権利主張者が主張・立証する必要がある。もっとも，損害額の立証は必ずしも容易ではないため，著作権法は，(a) 侵害物の譲渡数量×正規品1個あたりの利益額，(b) 侵害者が侵害行為によって得た利益，(c) ライセンス料相当額のいずれかの方法に基づき計算された額を損害賠償額として推定し（114条），いずれかを請求することを認めている。

法定損害賠償制度と改正法

法定損害賠償制度とは，著作権等の侵害があった場合，実際に被った損害額の立証をすることなく，一定額の請求を認める制度である。TPP協定は，著作権，実演家の権利又はレコード製作者の権利の侵害に関して，権利者の選択に基づいて利用可能な法定損害賠償制度又は追加的損害賠償制度を導入することを定めた。

現行著作権法は，ライセンス料相当額を損害賠償額として請求することを認めているが（114条3項），改正法は，同項に加えて，侵害された著作権等が著作権等管理事業者（JASRAC，日本文藝家協会，日本脚本家連盟等）により管理されている場合は，それら事業者が定める使用料規程に基づき算出した額（複数の規定がある場合にはその最高額）を損害額とみなす規定を新設した（改正法114条4項）。

（小林利明）

注

1）以下，現行著作権法とは2017年9月1日時点の著作権法を指す。

インタビュー　福井健策弁護士

「壁」に立ち向かうデジタルアーカイブ

デジタルアーカイブをつなげることから始めよう

──デジタルアーカイブ構築に際して，今後ますます法整備が問題化していくと思われます。どのような問題が持ち上がる可能性があるか，またそれをクリアする方法について，お聞きしていきたいと思います。

福井　例えばコンテンツの著作権者をどう探すか，デジタルアーカイブとして公開しても良いのか，また使用料はいくらぐらいが相場なのか。実際のデジタルアーカイブ構築の現場ではそういう知識が重要になってきます。でも，権利問題については「壁」とも言える難問が多く，みんな法律面で止まってしまう。どういう手順で権利処理を進めていくか，そのマニュアルが必要とされています。大きな問題として，「デジタルアーカイブ」をまとめて扱える法律がありません。それらが私の問題意識ですが，その前にまずはデジタルアーカイブの現状と阻害要因をできるだけ概観してみましょう。

1つ目の阻害要因は，「分断」です。アーカイブの推進が，各地域，各ジャンル，セクションごとにバラバラに進んでしまっています。これまでのアーカイブは公文書館は公文書館で，国会図書館は国会図書館で，地方の各図書館は各図書館で進展し，バラバラに分断されていた。でも，デジタルアーカイブはつながらないと意味がない。

よく例に挙がるのが，ヨーロッパ全体の文化コンテンツをまとめる巨大デジタルアーカイブ「Europeana」です。そしてEuropeanaが意識しているのはGoogle。Googleの特徴は，とにかく検索窓が1個しかないことです。そこにすべてがつながっていて，すべてがそこから出てきます。このネットワーク効果を発揮したものがデジタル社会の覇者であり，現代の覇者になってきています。一方で，日本のデジタルアーカイブは，それぞれすごく価値があるのに，そんなバラバラな状況では個別の検索にはとても手間がかかりますよね。自分が探しているものがあるかどうかわからなければ，わざわざサイトを訪れて時間を割くわけがない。例えば「歴女」は文化遺産オンラインにわざわざ来て検索はしてくれない。彼女らはまずGoogleで検索します。文化遺産に限らず，バラバラになっているものはGoogleがつないでくれる。その検索結果表示において，下位のものはだれも見ない。とにかく上位にこなければいけない。だから，現代では誰もがランキングを上げることにしのぎを削る。時に様々な手管で，本当に価値のある情報かどうかわからないものが上位にきてしまう。この病理から現代社会は抜け出せないでいるわけです。

Europeanaは，美化して言うと，それに対するアンチテーゼです。数だけならGoogleでしょう。でも少なくともヨーロッパの文化に関しては，まずEuropeanaに来ればずっと質のいいものを，より客観性のある序列や分類で表示すると保証されている。しかも十分膨大なコンテンツがあります。

音声もテキストも画像も映像も，Europeanaはすべての情報がつながった状態で出てきます。全ヨーロッパの2000以上のデジタルアーカイブがネットワークされているので横断検索でき，しっかりした価値づけに従って表示される。その上，コンテンツは5300万点強もあるから，ヨーロッパ文化に関するものだったら，かなり充実した結果が出てくる。そうするとヨーロッパの芸術や文化を知りたい人は，まずEuropeanaに来たら効率がいい。まず文化面から知のプラットホームを取り戻そうというのがEuropeanaです。そのためにヨーロッパはすごいエネルギーを投じている。日本でもそれをやるべきだと思うんです。一体で動くことを保つのにもエネルギーを要するヨーロッパより，日本のほうができるはずです。

言語の壁，技術の壁，権利の壁

2つ目の阻害要因として，多言語化が進んでいないことが挙げられます。

現在日本で公開されているデジタルアーカイブは，日本語でしか発信されていないものがほとんどで，もったいないですよね。東京オリンピックまでの4年間は一番注目してもらえるのに，多言語化されていない。日本に来る観光客が情報を得るには，まだまだ行き当たりばったりで見ていくしかない状況です。

その結果，日本の本当の面白さや深さはまだ十分伝わっていません。渋谷のスクランブル交差点が面白いなんて言われているようですが，あのレベルなら五万とありますよね。でも本当に面白い文化を伝えようにも，情報が足りない。人気の高い「食」だって，メニューが英語化されてないし，オタク文化もほとんど日本語。オタクの聖地「コミケ」のサイトはどうにか英・中・韓国語の説明は用意したけれど，それも全体説明だけであって，各ブースの説明は英語化すらされておらず，海外の人にはわからない。もったいないですよ。日本語は世界最難関言語の一つですから，多言語化されていないことは大問題です。

3つ目は，デジタル化のノウハウが現場にないこと。図書館，博物館，美術館の所蔵物をデジタル化すると言ったって，現場ではどうやればいいかわからない。そのための人手もない。デジタルアーキビストがいない。

4つ目に，予算もない。オリンピックに向けて競技場を1500億円も使って作っていますが，既にあるもののリフォームで済ませる「ゼロ・オプション」なら恐らくずっと少なくて済んだ。それより日本からの情報発信・文化発信に予算を使うほうがいいと思います。ロンドンオリンピックなど，近年の先進国のオリンピックはそれで成功していますね。ロンドンの競技場が立派だから世界が感心したのではない。ロンドンの文化発信が素晴らしかったからです。180,000もの文化プログラムが功を奏した。ロンドン市民が自分たちもパフォーマーの一員だという気持ちを持ち，みんなが発信者になった。だからうまくいったのです。

最後の阻害要因が，「権利の壁」ですね。これが非常に大きい。例えばEUに倣って日本が，文化発信のデジタルコンテンツを2000万点揃えられればすごいでしょう。ところが，2000万点はおろか200万点でも，その権利者を全て探し出し許可をもらいデジタル化して公開するなんて，できるわけがない。しかも権利者不明の「孤児著作物」の処理もまだ確立されていない。これが最後の問題となりましょう。

未来のアーカイブ構築に向けたメニュー

これらが阻害要因ですが，では，方策についてお話ししましょう。

まずアーカイブをつなげるために，「デジタルアーカイブ振興基本計画」を作る必要があります。それは数値目標を含むものにすべきで，私なら2020年前後を目途にポップカルチャーから文化財に至るまで2000万点のネット公開を目標にしたい。アーカイブへの千客万来は難しい。でもチャンスがあるとすればオリンピックに向けたこの時です。年間数千万，もしかしたら億単位のサイト訪問者だって不可能じゃない。例えば古い映像というと今はYouTubeに席巻されていますが，日本初の網羅的な映像アーカイブをつくったっていい。短いバージョンは無料公開で，長いものは有料にするなど，やりようは色々あります。そのための振興基本計画を練る。

2つ目，「ナショナルデジタルアーカイブセンター」という場をつくる。これは人工知能開発にも欠かせません。AIを利用したコンテンツビジネスやデータビジネスの基になるデータの塊がないと，AI開発は進まない。言語系のAI開発をやる方はしばしば青空文庫などのデータに頼りますが，ああいうふうにデータを固めて公開して使えるようにしないといけません。だからそういうデータを作成し蓄えていく場があったほうがいいと思います。それに，人が集まれる場がないと，どうしても面白くないですからね。そこでデジタルアーキビストも育成する。ただ，物理的なハコに巨額のお金は使わない。人々の集まるサロン兼ギャラリーと，サーバセンターと，それから後述のラボが備わっている程度で良い。それより全国のアーカイブをネットワーク化し，ポータルを作って巨大なデジタルアーカイブを作る。ユーザーを集めるためです。各デジタルアーカイブは，みんなそれぞれの入り口を持っていて良いですが，そこに突然飛び込んでくれるユーザーは多くない。だから統一のゲートウェイを作る。そうやってつなげることで各地のアーカイブが生きてくる。観光ビジネスとの組み合わせの可能性も出てくるはずです。

3つ目，多言語化への対策として，各地に字幕化ラボを作るということを提案します。多言語発信するといっても日本人の英語のできなさは絶望的。苦手なことはやらなくていい。得意な人たちを集めて，そこで字幕にしてもらう。利用は無料かあるいは低価で。自動翻訳を活用し，各言語のできる人が最後の手直し程度をする。正確さは80点主義でいいんです。1000万点，2000万点つけようと思ったら，完璧な必要なんかないです。そのために税金を使う。条件はただ1つ。無料・低廉で字幕をつけたものにはオープン化を義務づける。デジタル化技術についても，現場に十分な専門家がいないなら無料・低廉で使えるデジタル化ラボを作ればいい。これも利用の条件はただ1つ。成果物をオープンにすることです。いわゆる著作権フリーにする必要はない。例えばCC（クリエイティブ・コモンズ）をつけるなどでもいい。CC，非営利，改変不能でいいわけです。

最後に，著作権処理の進展。これは後述しますが，こうしたことが重要になってきます。今のようなメニューを取り込んだアーカイブ振興法が必要です。やっぱり法律はまとまっていたほうがいい。

権利の壁に阻まれないために

そのために権利処理をいかに簡素化するか。

まず権利情報データベースを整理することが必要です。これをやるためには各デジタルコンテンツにしっかりメタデータがついていることが重要です。デジタル化するときや作品を入手するときに，権利情報を含めてメタデータに取り込んでおいたほうが良い。それをデジタルコンテンツに書き込んでおく。そうすると権利情報のデータベースが進みやすい。

2番目に孤児著作物対策があります。権利者不明の作品があまりに多いのでこれをどうするか。現在，文化庁長官の裁定制度がありますが，使い勝手が悪くて従来ほとんど使われて来ませんでした。手続の簡素化など運用改善は進んでいますが，問題は文化庁著作権課のマンパワー。実働1人ですから，数をこなすのは無理でしょう。さらに，この制度のもう1つの問題が保証金の供託。権利者が現れた場合いくらの使用料が適当なのかを事前に算出させ供託させるわけですが，文化庁のかつてのデータでは，裁定後に権利者が出現した率は1%。その1%のために大変な計算をさせ，権利者団体に問い合わせさせたりする。しかも供託したお金はその後何年経っても還付の仕組みはない。権利者がいつか現れる時のためにずっと預けっぱなしです。これでは利用できないですよね。

このうち人手不足に関しては，民間委託すればいいと思います。今，権利諸団体9団体が集まって実証実験を進行中です。もう1つの事前の供託金については撤廃すべきです。権利者が現れないんだから不要として，万一現れたら事後で支払を求めるので良いのではないでしょうか。どうしても1%の現れる権利者を事前に想定しておく必要があるなら，申請手数料に一律でごく少額ずつを上乗せし，それを基金にすればいい。現れたらその基金から払い出す。

次に，アーカイブにおける絶版作品の利用を進めるための制限規定の拡充です。図書館等に関しては「図書館アーカイブ規定」があります。全国の図書館，博物館，美術館の所蔵品が，絶版などの理由で市場で入手困難な場合，権利処理なしでデジタル化してよいという規定です。更にその作品を，国会図書館を通じて全国の図書館等に配信してよいという規定もある。これは世界の中でも非常に進んだ規定です。

しかし，これには限界もあるし，活用の課題もあります。1つは予算が足りないこと。国会図書館はまだ，自分たちがデジタル化した書籍等の配信が精いっぱいで，文献以外の配信にはほぼ至っていません。また，認知度がないから各地の図書館等で十分活用できていないという面もあります。しかし，それでも全国で800館以上が参加してます（2017/7現在）。美術館，博物館について言うと，博物館登録という制度が文科省にありますが，登録率は低い。メリットがよく見えない上に手続きが面倒とされて，みんな登録しない。さすがにそれだと今の規定は活用できない。よって，登録のハードルを下げる必要がある。

さらに，この規定をもっと進めていくことができます。まず，今は対象が公立と大学の図書館，それから公立と財団，社団立の博物館までですが，これを幅広く非営利の図書館，博物館，美術館全部に広げるべきだと思います。高校などの学校図書館にも。そうすると，博物館登録も条件でなくなる。

さらに，今は各地の図書館等に配信するところまでで，家庭には行かない。本当のナショナルデジタルアーカイブとしては，図書館に来館しなくても見られるところまで展開すべきだと思います。強調しておくと，対象は絶版など市場で入手困難になったものだけです。だから民業圧迫という理屈は立たないはずですね。であれば，家庭まで視聴可能にしてもいいのではないか。「絶版マンガ図書館（現マンガ図書館Z)」などは，許諾ベースですがこの発想で大変な成功を収め，既に6000作品以上がデジタル公開され1億以上もの閲覧数を集めています。

ここで「家庭まで行くと，言わば図書館や博物館がデジタル配信ビジネスをやってるわけだから，無料はまずいのでは？」という意見が出てくるでしょう。これは，私は賛成です。元国会図書館長の長尾真先生は「その場合にはお金を取って権利者や出版社に配分すればいい」と仰っていました。家庭で視聴可能である以上は，お金を取る。そのお金は関係者に配分する。あまりに零細で配分しきれない分は共通基金化し，クリエイターの育成や福利に使ったり，人々の便益を高めるための投資に回す。権利者のデータベースを拡充するとか字幕化ラボやデジタル化ラボを運営するとか，いくらでも考えようがある。そうすると，市場で流通していない絶版や一品ものなどの作品は，全部デジタルで公開される状況が生まれ，そこからお金も生まれ，共通目的に使われ，世界中の人がこれにアクセスできる。全面CC（非営利・改変禁止）で公開まで行ければ更に良いでしょう。営利目的で使いたい人はお金を払って許諾を取りに行く。以上を著作権法の権利制限規定を拡充してやりましょう。図書館アーカイブ規定のスーパー化というか，絶版作品アーカイブ条項と呼びましょうか。その後復刻発売など市場で売られるようになって絶版でなくなったら，その時速やかに配信から除けばいい。

協力してくれた権利者側には，どの絶版作品が今多く見られているか，データを渡します。それを見れば，どれを復刻発売したら商機があるかわかりますよね。これに限らず，コンテンツ過剰の現代では見られない作品は埋もれるだけです。とにかく見せないと話にならない。

最後に，しかし非常に重要な権利対策として，不明肖像権と不明所有権に関しては，活用できる法律をつくる必要があります。

もう迷っている時間はない

今は，原則論と原則論のぶつかり合いになっているように見えます。例えば，図書館は無料であるべき。営利事業は民間が担う。美しい原則論です。でも，原則論と原則論で身動きが取れない間に，営利コンテンツだろうが非営利コンテンツだろうがどんどん海外発のプラットホームにデジタル流通を握られていったのが，過去10年だった。その時間を浪費した科は重いと思います。

とはいっても，市場で自律的にうまくいっているものに手を出す必要はないと思うのです。花開いているものはそれでいい。ライブイベントは政府が何もしなくても絶好調ですよね。そういうものは後ろから応援するだけで良くて，エコシステムに手を出す必要はない。うまくいってないものに対しては，何か考える必要があります。日本のアーカイブやデジタルコンテンツ発信は，頑張ってるけど極めて好調とまでは言えないわけで，官民での取り組みを考えるべきです。日本の独自プラットホームは育成されていない。やっぱり，海外に収益も相当持っていかれている。それで一生懸命対抗しようとした企業は，2016年末のキュレーションサイト騒動みたいな事態を招いてしまう。何年間かの蓄積である37万以上もの記事（注：閉鎖されたDeNA社の10サイトの記事合計数）を全部閉鎖して終わり。言い方は厳しいですが，やり方が下手だからその間にまた海外との差が広がった印象があります。うまくいっているのが相変わらず米国発プラットホームだけでは，やはりいけないわけです。

今挙げたようなこと，もう待ったなしだと思います。遅くスタートしたなら，これまでの何倍ものエネルギーでやらなきゃいけない。日本のコンテンツ発信が大事だとわかってもらわないと。かつて，ある議員系の会合で，「その構想を実現するのにいくらかかりますか」と聞かれて，「2000億くらいですかね」と言ったら，その瞬間サーッと潮が退いていった。まあこれは少し言い過ぎました。でも，オリンピックの競技場は2000億円，政府与党からはさほどの反発もなくあっさり出るところでしたよね。例えば向う10年間，総額で同じ総額2000億円を投ずれば日本はデジタルアーカイブ立国として，まさに世界の最先端・最高峰に躍り出ることができる。同じ2000億円ならどちらに使うんだ，という気もします。

ここまで，言えるかぎりのメニューを言いましたが，それぞれに壁がある。地道にやっていかなければなりません。でも，まずやっていきましょう。多くの人々が協力して，爆発的なエネルギーを投入すれば道は開ける。とても大事なことだと思います。

（インタビュアー：編集部）

III　デジタルアーカイブをつかう

1　未来を築くためのアーカイブ

インタビュー　宮本聖二氏

NHKでの経験とヤフーでの試み

――まずは，これまでどのようなデジタルアーカイブ関係の仕事をされてきたのか，ご紹介いただければと思います。

宮本　現在勤務しているのはヤフー株式会社のニュース・スポーツ事業本部で，みなさんご利用いただいているかもしれませんが，「Yahoo!ニュース」です。ここで，ヤフーオリジナルとして配信する映像コンテンツを制作しています。最近では若い人を中心に映像を視聴するプラットフォームやデバイスがテレビじゃなくてまずネット，スマホでという時代です。ネットらしい映像，コンテンツをどう考えるか，日々試行錯誤しています。

ヤフーに入社するまでは，NHKで報道番組やドキュメンタリーの制作をしていて，その後「NHKアーカイブス」に移りました。NHKでは過去の番組群をテープで保存していたので，「アーカイブ」は存在していたのですが，私がアーカイブセクションに移った2008年頃，そのデジタル化が始まりました。その時のアーカイブス部では，具体的には，テープをファイル化する基本的な作業に加え，社内で利用する側が容易にアクセスして取り出せる仕組みそのものをどうデザインするか，ということをやっていました。

私自身は，NHKが番組を作る過程で作るいろいろなコンテンツに放送だけでなくネットでアクセスしてもらう，「デジタルアーカイブサービス」（DAS（ダス））というプロジェクトを立ち上げ，事務局長として推進しました。その一つが，「戦争証言アーカイブス」です。戦争に関する番組と制作過程で得た戦争体験の証言をデジタルアーカイブ化する試みで，2008年に始めました。「今」が戦争体験者から証言を得られる最後のチャンスと考え「戦争証言プロジェクト」を立ち上げ，まず始めに衛星放送の「証言記録　兵士たちの戦争」という番組を通年で作りました。一本の番組のために十人前後の戦争体験者のインタビューを録ったのですが，43分の番組だったので，番組内では一人につき長くても数分しか使えません。長い人は10時間ぐらいインタビューをしたので，番組作りと同時に，そのインタビューを元にしたオーラルヒストリーの映像コンテンツを作って，番組で流さなかったところも公開しました。これは放送局の中でも早い取り組みだったと思います。普通は，インタビューをしたテープは番組で必要なもの以外は消去し再使用していたので，保存しないケースが多かったんです。しかし，このプロジェクトでは始めから全部を記録し，公開しました。それが，私自身にとってもデジタルアーカイブとの最初の出会いです。

3つの映像デジタルアーカイブ

こうした取り組みを始めながらもまだデジタルアーカイブという認識はありませんでした。クローズドな利用，例えばNHKのディレクターが次の番組を作るとき，昔の映像を番組から引っ張り出して参考にするということはありましたが，誰もが見られるデジタルアーカイブという発想はなかったのです。だから，プロジェクトそのものが試行錯誤でした。NHKは戦前～戦時中に映画館で上映された「日本ニュース」というフィルムを保管しています。これも，プロジェクトの一環で公開しました。他にも戦前・戦中の，NHKのラジオ番組がレコード盤になっていたので，内容の情報がわかるものはメタデータをつけて公開しています。代表的なのは玉音放送や，開戦時の東条英機（当時首相）の国会での演説といった音声データですね。これらのNHKが持っている多様なコンテンツを使って，戦争当時を立体的に理解できるものにしようというのが，最初の取り組みでした。

もう一つ，「新日本風土記」という番組のスタートに合わせ，日本の文化資源，例えば寺社仏閣，お祭りといった映像コンテンツを集めたデジタルアーカイブも作りました。「NHK映像マップみちしる　新日本風土記アーカイブス」です。地図上に映像コンテンツを散りばめて，自由に見ることができます。これは過去の映像を，長くて3分半ほどのコンテンツにしたものです。

こうしたアーカイブの構築中に，東日本大震災が発生しました。そこで私たちは，「NHK東日本大震災アーカイブス」を2012年3月に公開しました。これはNHKが取材した東日本大震災に係る映像を集めたもので，その中心は戦争証言と同じく，被災者の証言です。番組とも連動させ，今も継続されています。「あの日あの時」と，「証言記録・東日本大震災」という番組を作る過程で集まった証言をアーカイブ化しています。どのくらいまで津波が来たのかを地図にして可視化し，また証言者がどこにいたかがわかる構造も作りました。

これら3つの映像デジタルアーカイブを作った後，2015年にヤフーに入社し「空襲の記憶と記録」というコンテンツの製作を始めました。私がNHKでやり残した空襲体験を集めた番組を作って，その証言集のデジタルアーカイブを作っています。

黎明期のデジタルアーカイブ

――デジタルアーカイブという言葉が一般的になったのはごく最近で，2008年頃はまだ一部の人が知っている程度だったと思います。実際に携った前後でどういう変化がありましたか？

宮本　スタートした頃は試行錯誤でしたよ。その頃はBBCが「WW2 People's War」というテキストベースの戦争体験デジタルアーカイブを作っていました。戦争に行った人だけじゃなくて，イギリスで生活していた一般市民にもインタビューをしていて，とても参考になりました。しかし，BBCがサイトを公開した2003年の時点での技術な状況では，大量の映像をアーカイブし配信するのは非常に難しいことだと彼らは判断したのです。

――これからどんな技術が生まれればいいと思いますか？

宮本　例えば東日本大震災アーカイブスを作ったとき，国会図書館の「ひなぎく」と連携をしましたが，お互いにAPIを公開しないといけませんでした。API を介さないでいろいろなポータルと統合できるようになるといいなと思いますね。また国際化を考えると，多言語が自動的に付与される仕組みは必要ですね。BBCの担当者に日本以外の国の戦争体験証言を集める必要があるのか尋ねたところ「いろいろな国で同様のアーカイブがあればそれを結びつければいい」「一国の機関でそこまで手を広げる必要はないのではないか」と言われました。日本語だけだと他の国では見てもらえないので，自動翻訳は必要です。

――全体のインフラとして自動翻訳の仕組みを安く提供できる装置を作って

いくことが必要かもしれませんね。
宮本　そうですね。デジタルアーカイブ単体でやろうとするととにかく予算の問題に突き当たります。一部ですが，「東日本大震災アーカイブス」の英語版を作りました。海外コンクールに出すために，ページそのものを全部翻訳したのですが，こんなこと普通はできません。NHKでは，予算については，立ち上げのときにある程度デジタルアーカイブの重要性を理解していただいたので，機能やコンテンツの種類や量に関してできる限りのことを追求することができました。「戦争証言アーカイブス」に関しては，初めての取り組みで，チーム編成が大変でした。私の他に証言を編集するディレクターが2人，あとは映像編集の担当者が1人，メタデータ入力や著作権処理などで大体5人で制作をしていました。
――組織の中の理解やバックアップはどうでした？
宮本　NHK内では，番組ではないのであまり知られていませんでした。ほかの制作者に素材をもらうという話はしていましたが，積極的にバックアップするという体制はなかなか取りづらかったです。Webサイトに対する考え方として「1回作っちゃえば，放っといてもずっとあるんでしょ？」という認識もかなりあります。Webサイトはコンテンツが加えられたり，ページが動いたり，ニュースが出たりと，「生きて」いないと見てもらえない。それを維持しなければいけないのに，予算確保が難しくなる。「たまにコンテンツを増やせばいいんでしょ」という考え方がどうしてもあるので，「そうじゃない！」と懸命に言い続けましたよ。

プライバシーと著作権

――法律的な権利の問題にはどう対応をしていましたか？　著作権処理や，映像だと肖像権やプライバシーが問題になりますよね。
宮本　プロジェクトに著作権処理の専門家に参加をしてもらっていましたけど，それでも大変でした。放送時の著作権処理とネット配信の著作権処理は別というのが，大方の著作権団体の考え方です。したがって別途処理をしなきゃいけない。もちろん，オーラルヒストリーとして証言してくださる方々には，最初から放送にもインターネットにも適用される包括的な許諾書に署名をいただきました。大変だったのは音楽と他のアーカイブ機関から借りてくる映像ですね。戦争の映像をヨーロッパやアメリカ，ロシアのアーカイブなどから借りるのですが，パブリックドメインとして無料のところもあれば，有料の機関もあります。アメリカの国立公文書館などは無料が多いのですが，欧州は有料提供が少なくないのです。国内でも新聞社から写真を借用しますが，契約期間なども発生します。残念ながら，戦争証言アーカイブスで公開する番組は権利の問題で海外からは見られないようにせざるを得ませんでした。

――震災アーカイブではご遺体が映り込むことが問題だったと伺っています。

宮本　ご遺体は，震災アーカイブでは基本的に外しました。1万人を超える死者が出た実態を伝えるためにはどんな映像でも公開した方が良いのですが，家族を失った方々の心理的なショックを避けるためです。これは法律上の問題というより，ご遺族のお気持ちへの配慮です。最近は，戦争関連の番組では，「このあと，遺体が出ます」というような但し書きをつけた上で放送しています。あとは「偶然映りこんでしまった人」の問題がありますね。震災の場合，避難所では顔がアップで映りこむものはやめました。避難所の生活が苦しかったという方が多くいたので，映像を見ることで思い出させてしまう。そういうことにも配慮して，アーカイブしました。

――自主的な規制が必要だとしても，今の法律の範囲で，工夫のしようがあるということでしょうか？

宮本　そうですね。著作権法で言えば許諾を取れば出せますし，肖像権等は法律というより倫理上の問題でした。もちろん，著作権処理をどこまでしなきゃいけないのか悩んだりの苦労はありました。

デジタルアーカイブの公共性

――デジタルアーカイブは有料だったり無料だったりと，グレードの違いがあると思います。NHKからヤフーに移られて，どんな違いを感じましたか？

宮本　ヤフーで制作・公開した「空襲の記憶」にも広告が全然ついていないので，NHKと同じ公共性・社会的な責任ということを主眼に置いています。ヤフーは，エンジニアはほぼ自前ですが，コンテンツを企画・制作する要員は少ないのでそこで苦労しました。最近，ネットにおけるキュレーションメディアの問題がありましたけど，あれは発信しようというときに適切なコンテンツが作れない，知見もないから，いろいろなところから引っ張ってきて，適当にくっつけて出しちゃうという考え方ですよね。多くのユーザーがレガシーメディアからネットメディアに移行して来ている状況を考えると，速報性のあるニュースも自前で出すべきですし，あるいは，記録ジャーナリズム的なこともやらなきゃいけない。そのために，人を育てたり集めたりしなきゃいけない。その点で言えば，NHKは人が豊富でしたね。

あと，ネットメディアの弱みは，過去のアーカイブが全然ないこと。何かやろうとしても，全部外部からもらってくるか買うかするしかない。「空襲の記憶」を作ったときは，各地のケーブルテレビ局が作った番組から空襲に関するものを借用し，なんとか網羅性を確保しようとしました。これは自前でコンテンツを作るときのものすごい弱点で，私も悩んでいるところですね。例えば，天皇陛下のご誕生から2016年夏のお気持ちの表明までのクロノロジーを作るときに，何も映像や写真のストックがありませんでした。NHKには，戦前の映像から，ご成婚から，いろいろありますよね。

――ほかのアーカイブを利用できる仕組みも作っていかないと，すべて自前で準備するのは不可能ですよね。

宮本　例えばNHKのアーカイブを使おうと思っても，どういうものがあってそれをどう見つけ出し，さらに申請をして借り出すまでに大変な手間がかかります。お金もかかります。見方を変えれば，NHKのコンテンツって受信料で作っているんだから，準「国民の資産」だろうという思いもあります。一番豊富に持っているところが，著作権処理や制度の問題もあるにしても，囲いから出していないという課題を感じますね。今後のデジタルアーカイブは，閲覧するだけじゃなくダウンロードして新しいコンテンツが生み出せるようなものでなければいけないと思います。

デジタルアーカイブに自由を！

――デジタルアーカイブという言葉，概念も普及してきたと思いますが，日本でデジタルアーカイブが発展するためにはどんな課題があると思いますか？

宮本　デジタルアーカイブという言葉が普及しているといっても，やはりごく一部の人だけ。もっと大勢の人に知ってもらい，その必要性を理解してもらうことが必要です。そのための統合された組織を早めにスタートさせるべきだと思います。デジタルアーカイブは，使ってもらわなければいけない。まとまったアクセスがなくて，ときどき見られる程度では，ほとんど意味がない。NHKは受信料でやっていますが，ヤフーのアーカイブのように，ほかのページの広告収入でマネタイズしているような組織では収入のないアーカイブが，全然見られない状態で維持され続けることは難しい。

震災アーカイブスの場合，町内会の人たちに集まってもらって，自分たちの地域の防災を考えるワークショップで使ってもらっています。だれもが見られるからって，そのまま放っておいたら見ないんです。ある程度，見てもらうためのコアになるプログラムを考えないといけない。戦争証言アーカイブスであれば，研究者が参照して論文に利用する。また，学校にアーカイブスのコンテンツを使った授業を考えてもらう。いまでもアーカイブスのユーザーを維持できているのは，特に教育現場に働きかけたからだと思います。組織としても，使われているなら予算つけましょう，という話になる。

例えばヤフーで北九州市の空襲に関する番組を作ったのですが，地域の社会教育の場や学校で既に使われています。こうした動きを地元の新聞社にお伝えするなどして記事に取り上げてもらい，こうした学びを広く知ってもらう。そういうことをやらないとデジタルアーカイブの利用は続かない。震災の後に自治体別にできたアーカイブの中には，コンテンツを「ひなぎく」に預けて，オリジナルのサイトが消えてしまうということがある。なんとかしなきゃいけない課題だと思います。

今後のデジタルアーカイブは，閲覧するだけじゃなくダウンロードして新しいコンテンツが生み出せるようなものであるべきです。最終的には，みんなが自由に使えるデジタルアーカイブになってほしいですね。

次世代に繋ぐために

――宮本さんのパイオニアとしての役割はまだまだ大きいと思います。ご自身の課題として，いま，どういうことを考えていらっしゃいますか？
宮本　いま，研究者の方々と3人でグループをつくって，福島の第一原発で被災した方々のオーラルヒストリーのデジタルアーカイブを作ろうとしています。いかんせん人手とお金はないのですが，仕事の合間に福島へ行ったり避難先に行ったりしています。

福島第一原発で被災し避難している人の問題は，国の，国民全体の問題ですが，いまでも10万人近い方が苦しんでいるということが忘れられている。避難先でいじめに遭ったという話も聞きます。こういう人びとがどうやってこれから生きていくか，あるいはどう帰還するのか，どうコミュニティを再建するのか。問題の解決には10年，15年かかると思いますが，一人一人が異なる状況下で様々な思いを抱えて行動している。それを重層的に積み上げていきたい。これは人類史上の貴重な記録になるはずです。これをあと10年くらいやっていきたいし，やってくれる人を育成したい。予算と組織と人材，これがいまの私にとっての課題ですね。今，立教大学で教鞭を執っているのですが，その学生の中から引き継いでくれる人が出ればいいなと思いますね。そして，彼らがデジタルアーカイブできちっと生計が成り立つような仕組みをつくっていくことが，私たちの課題ですね。

――デジタルアーカイブが発展していくために，どういう人材が必要だと思いますか？
宮本　ジャーナリズムに偏ってしまいますが，速報性のあるニュース以外に，言わば「記録ジャーナリズム」というものが考えられると思うんです。ジャーナリズム的な視点に加えて，公開したものから新たなものが生まれるということを想像（創造）できる人，そういう人材が必要だと思います。

また重要なのは情熱だと思います。いつもこれいいのかと問い直すことができる人。定型化しちゃった人が，一番うまくいかない気がします。そして想像力。戦争をコンテンツにする場合であれば，平和とは何かを考えてもらうために，震災の場合であれば，次の防災のために作る。自分が作るものがどんな影響を及ぼすのかを，きちっと意識できる人，想像できる人，そして色んなことに好奇心を持てる人が求められていると思います。

デジタルの時代なので，記録を残すことがとても大事だと思うんです。

アーカイブの根本は，すべてが明らかになった上で，取捨選択されたコンテンツがアーカイブされ，それを基に未来をつくる，未来を考えることだと思うんです。その意味で，自分たちが未来を築くためにアーカイブを整備していくんだという気持ちで関わっていく人になってほしい。今のものを記録することの意味を汲み取って，記録することで次の時代をつくるんだという気持ちでいてほしいなと思います。（インタビュアー：柳与志夫）

2　デジタルアーカイブの活用・展開

2-1　デジタルアーカイブを使う意義――地域資源の活用を事例に

慶應義塾大学で貴重書デジタル化の技術開発を進めてきた樫村雅章氏は著書の中で「文化財のデジタル化によって得られる価値の高いデジタル情報は，大切に保存され有効に活用されるべきものである。デジタルアーカイブはそのために考えられた仕組みの一つといえるだろう。（中略）デジタルアーカイブは，もともと『デジタル技術による公文書館』として考え出されたというわけではない。（中略）英単語archiveは記録と残す，という動詞の意味でつかわれることもあるが，デジタルアーカイブの「アーカイブ」には，作製者の意図によるのではなく，何が事実であるのかに重きをおいて『対象に忠実な記録を作製して保管する』という意味が込められているといえるだろう」と述べている[1)]。また，総務省はデジタルアーカイブを「図書・出版物，公文書，美術品・博物品・歴史資料等公共的な知的資産をデジタル化し，インターネット上で電子情報として共有・利用できる仕組み」を指すものとし，産業・経済，学術・研究，芸術・スポーツ，趣味・学習，行政等の生産性を向上させていくには，情報の生産―流通―利用―蓄積―二次利用の円滑な二重サイクルを形成していくことが重要と述べ，デジタルコンテンツの蓄積・二次利用を支えるデジタルアーカイブの構築が遅れていると指摘している[2)]。1990年代半ばごろから登場してきた「デジタルアーカイブ」はその定義やあり方そのものに揺らぎが生じてきていると思われるが，活用という点からみるとデジタル化の可能性は満ちあふれている。確かに，紙は耐久性の高い媒体である。また，デジタル情報は閲覧の際に電子機器が必要なことから，紙媒体が有利な点もある。このようなデジタル情報と紙の強さと脆さをそれぞれ認識しつつ，「デジタル化」の恩恵を受けて，地域文化遺産活用の裾野を広げる活動がこれからは重要ではないだろうか。その一例を紹介する。

筆者の勤務先である新宿区立四谷図書館が位置する四谷地区は「歴史と文化の香りあふれ，多くの人が集う夢のまち」をまちづくりの目標としており，様々な団体や個人が「地域振興」や「地域交流」をテーマに地域活動を活発に行っている。四谷図書館は地域活動の重要な構成員として「地域に密着した図書館」をそのミッションにかかげ，地区の地域資料や情報を収集整理し，情報発信を行ってきた。また四谷図書館は地域住民と四谷地区の歴史・伝統・文化を共有することを目的とし，新しい視点から価値を加えた関連イベントを毎年企画実施している。具体的には，江戸四宿のひとつとして栄えた「内藤新宿」をテーマにした特別企画展や歴史講演会，江戸野菜「内藤とうがらし」を使った調理ワークショップ，街歩きワークショップなどの地域関連事業，地域文化遺産や地域資料を紹介した四谷図書館広報紙『よつば』の発行である。こうした活動は，図書館が収集している「地域資料」の魅力の再認識につながり，資料活用の拡張へと結びつくのである。

四谷図書館に隣接する新宿御苑には高遠藩内藤家の屋敷があり，その縁で現在新宿区と長野県伊那市は友好提携都市の間柄である。筆者は平成24年9月に伊那市を訪れ，伊那市立伊那図書館の平賀研也館長（現・長野県立長野図書館長）とともにデジタル古地図「高遠ぶらり」を使っての地域文化資産をめぐる取材を行い，その取材の成果を「内藤新宿と高遠」というタイトルで企画展示と広報紙発行につなげた。デジタル古地図「高遠ぶらり」は古地図と写真が空間情報につなげられており，GPSの現在地情報が表示されること，また画面に表示されたランドマークピンをタップすると史跡などランドマークに関する記事，写真，古地図や絵図が見られることから興味をもち，四谷地区のデジタル古地図製作方法を模索した。その結果，ATR Creative（現・株式会社Stroly）の協力のもと，長野県伊那市立図書館・高遠ぶらり制作委員会と協働制作という形で「高遠ぶらり」内に「内藤新宿ぶらり」を制作することが決定された。平成25年7月には四谷地区を舞台に実地調査ワークショップを開催。中川惠司氏と菁映社の協力のもとデジタル化された『江戸実測復元地図（2004年）』の地図上に寺社仏閣の紹介や文化財の紹介などスポット掲載情報の編集作業やマッピング作業を経て，同10月に『江戸切絵図：四ッ谷絵図（嘉永3年）』と『江戸切絵図：四ッ谷千駄ヶ谷絵図（文久2年）』を加えた「内藤新宿ぶらり」をリリースした。同10月には完成記念の街歩きワークショップを皮切りに年に数回街歩きワークショップを実施している。

現在，「高遠ぶらり」のアップデートにあわせて，「内藤新宿ぶらり」も新しい地図やランドマーク情報の追加がされている。平成26年には「四谷地区二十九町会区域図」を追加。行政が発行している四谷地区町会地図上に町会や四谷地区内の神社例大祭の情報と祭半纏写真が紐づけられている。行政情報と文化民俗情報を一元化して紹介できるのはデジタル化ならではである。平成27年には「大東京立体地図（昭和33年）」が追加された。この地図は都心上空から俯瞰し，建物や都電が描きこまれているものである。最近，四谷地区内の高齢者施設で「どこコレ？――教えてください昭和の新宿」[3]と題し，新宿区歴史博物館データベースから借用した写真を壁面掲示し，来館者に写真にまつわる思い出を伺い，紙に残すというイベントが開催されている。このイベントで寄せられた「生活の記憶」が上記の地図に写真とともに紐づけられるとよりビビッドな街の記録になるだろう。多様な街の記録をのこすにもデジタル化（アーカイブ）は強みを発揮する。

松岡資明氏は著書『アーカイブズが社会を変える』の中で，「地域情報は地域の財産であり，地域で活動する多様な主体にとっても過去と未来をつなぐ知の集積として記録され，活用され，発信される価値をもつものである。それらが地域のコミュニティをより豊かにし，新たに人と人，人と地域をつなぐ，触媒として，地域に輝きをもたらす」という豊中市岡町図書館長古川保彦氏の言葉を紹介している[4]。知の多様性，創造すること，多様なものが重なることの豊かさ，それを知る，学ぶ楽しさを伝播することが地域におけるシビックプライド（地域への愛着）の醸成につながる[5]。そのためには地域文化資産を含む地域資源の発見，保存，活用において動的な地域活動が求められる。

デジタル化（アーカイブ）は書庫の奥にあってまったく利用されない資料の状況を打開するためのインパクトとなりうるだろう。そして，しばしばネガティブに語られる「複製が容易である」という特性を生かし，分散して保存することで，災害時などに焼失してしまうリスクが回避できない「紙」とは違ったかたちで未来へと情報を受け渡していくことも，デジタル化（アーカイブ）がもたらしてくれる重要な機能である。　（遠藤ひとみ）

注

1）樫村雅章『貴重書デジタルアーカイブの実践技法――HUMIプロジェクトの実例に学ぶ』（慶應義塾大学出版会，2010年，227-228頁）

2）総務省「デジタルアーカイブの構築・連携のためのガイドライン」（http://www.soumu.go.jp/main_content/000153595.pdf, 参照2016年10月18日）

3）「どこコレ？」（http://table.smt.jp/?p=5404）
「どこコレ？」はNPO法人20世紀アーカイブ仙台が収集した写真・8ミリフィルムの中で，どこを撮ったのか，いつごろのものかわからないものを公開展示し，「コレ」は「どこ」なのか，来場者に情報提供を募り，コレクションするプロジェクト。毎年せんだいメディアテークで開催されている。市民が思い出を共有する場ともなっている。

4）松岡資明『アーカイブズが社会を変える　公文書管理法と情報革命』（平凡社，2011年，211-215頁）

5）伊藤香織（2008）は「シビックプライドとは何か」の中で，「（前略）市民が都市に対してもつ誇りや愛着をシビックプライド（civic pride）と言うが，日本語の郷土愛とは少々ニュアンスが異なり，自分はこの都市を構成する一員でここをより良い場所にするために関わっているという意識を伴う。つまり，ある種の当事者意識に基づく自負心と言える。（後略）」と述べている。シビックプライド研究会編・伊藤香織監修・伊藤香織『シビックプライド――都市のコミュニケーションをデザインする』（宣伝会議business book，宣伝会議，2008年，164-171頁）

2-2　デジタルアーカイブとコレクションの活用

デジタル化の強みの一つは，デジタルという形式で資料を一元化できる点である。どんなに大きいものであっても，小さいものであっても，壊れかけているものでも，遠くにあるものであっても，一律に画面の中で扱うことができる。しかもパソコンやスマートフォン，タブレット端末の登場とソフトやアプリの普及で，一般の人であっても大量のデータを容易に扱える環境が整ったことで，資料の活用の幅が広がるようになった。

本節では，技術力の発展とそれに伴う利用の拡大という観点から，複数の機関にまたがる資料を「アジア歴史資料」という共通のテーマでつないだアジア歴史資料センター，科学関係のデータや資料を提供しているJAXA（宇宙航空研究開発機構）によるデジタルアーカイブス，武蔵野美術大学博物館・図書館による所蔵資料のスマートフォンアプリ『MAU M&L 博物図譜』，そしてクリエイティブ・コモンズライセンスを用いて資料を提供している東寺百合文書WEBをあげていきたい。

アジア歴史資料センター（https://www.jacar.archives.go.jp）[1]

アジア歴史資料センターは，1994年の村山首相（当時）の談話を契機に設立が構想され，2001年に国立公文書館の組織として発足した。国のIT戦略と合致したこともあり，当初からインターネットを通じてデジタル化した資料の提供をするセンターとして設立された。

アジア歴史資料センター自体は資料を持たず，国立公文書館，外務省外交史料館，防衛庁防衛研究所図書館所蔵からデジタル化された「アジア歴史資料」が利用できる形式をとっている。「アジア歴史資料」とは，近現代の我が国とアジア近隣諸国等との関係に関わる歴史資料として重要な我が国の公文書及びその他の記録のことであり，原資料は各所蔵機関で保管している。センターは現在約200万件の目録データ，約3000万画像を公開している。2017年度からは公開の対象が，現在の明治～戦前期の資料から戦後の資料まで広げられることとなった[2]。

図1　アジア歴史資料センターHP

センター設立の閣議決定にある「国民一般及び関係諸国民の利用」に従って，「いつでも，どこでも，誰でも，無料で」利用できる形式を選定した結果，デジタルアーカイブという形式が選ばれた。そのため「いつでも，どこでも，誰でも」資料を見つけられるための工夫が随所にされている。例えば，初心者に向けては，有名な事件や著名な人名，授業向けのキーワードから使えるようにトップページに「さまざまなコンテンツ」というリンクがある。専門家以外には利用のハードルが高い手書き文字資料を使いやすくするためには，書誌情報のみではなく冒頭から約300文字程度の書き起こしを検索の対象とした。「関係諸国民」のために，英語・中国・韓国語でのページも設けられている。

センターのホームページは2016年9月にリニューアルし，資料画像の提供形式の変更やタブレットやスマートフォンへの対応等がなされた。20年以上をこえて運用される，古参のサイトではあるが，その時の需要に従って変化し続けているデジタルアーカイブである。

JAXAデジタルアーカイブス（http://jda.jaxa.jp/）

JAXAデジタルアーカイブスは，JAXAのプロジェクトの画像や映像，著作権情報についてインターネットから閲覧，利用申請をできるようにしたシステムである。宇宙開発事業団がまとめていた広報用の記録写真・映像は元来NASDAフォトライブラリーで公開をしており，それを引き継いだ形で2003年10月1日のJAXA発足時から「JAXAデジタルアーカイブス」として設けられた。

JAXAデジタルアーカイブスは，JAXAが所有する価値の高い資料をインターネットで提供することで，メディアや教育機関を通じて研究成果，将来計画，技術情報，企画を認知してもらい，活動の理解を進めてもらうことを目的としている。そのため私的な利用や教育活動・学術研究等による利用と，新聞やテレビ等のメディアが事業活動に関する報道で利用する場合

図2　JAXAデジタルアーカイブス

には，JAXAに許可をえる必要はない3)。

近年のプロジェクト時に撮影された写真や映像だけではなく，宇宙開発事業が本格的に開始された1950年代の資料もデジタル化されて提供されている。検索はカテゴリからの絞り込みしかなく，検索結果の内容もキーワードの羅列のため，検索結果の関連リンクからどのような文脈の資料であるかわかるものもあるが，一定の知識が必要である点は留意が必要だ。

JAXAではJAXAデジタルアーカイブスの他にも人工衛星からの観測結果や，宇宙開発の様子といった研究活動で生み出した多くのデータを公開している。これらのサイトの数は，公式サイトの中だけでも100以上存在している4)。

武蔵野美術大学美術館・図書館公式アプリケーション『MAU M&L 博物図譜』

武蔵野美術大学美術館・図書館が所蔵する17世紀から19世紀の動・植物解剖図，自然誌，航海記等の図版の高解像度画像を，書誌情報や解説と合わせて閲覧できるアプリケーションである。5回にわたり行われた展覧会「博物図譜とデジタルアーカイブ」を下敷きに，荒俣宏氏が解説する映像コンテンツも含まれており，一般の利用者にも図譜の内容がわかりやすい作りとなっている。

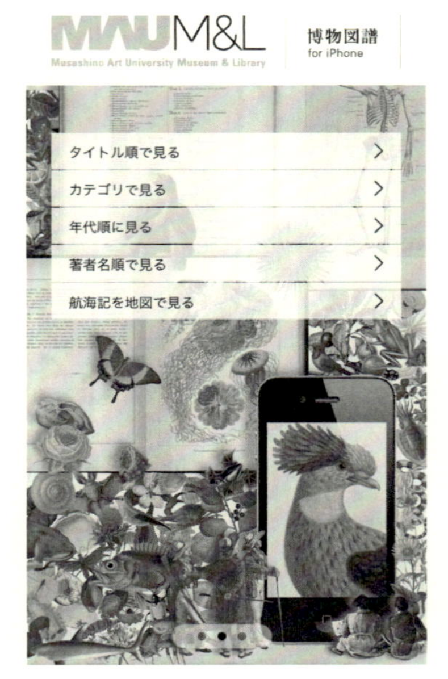

図3 『MAU M&L 博物図譜』

武蔵野美術大学美術館・図書館は美術・デザイン資料の充実を目指して博物図譜を収集しており，2006年度から2009年度にかけて荒俣宏氏所蔵のコレクションも加えられることになった。2008年に「文部科学省私立大学戦略的研究基盤形成支援事業」の選定を受けたことで，図譜のデジタル化と検索システムを作成。学生に向けた研究基盤として芸術的な視野を広げ，新たな創作意欲や研究心の向上に資することを目指したという。

図譜は非常に大きく，手書きの資料

であることから扱いが難しかったが，デジタル化は，手元で自由に拡大し，細部を隅々まで鑑賞することを可能にした。当初は美術館・図書館内でのタッチパネル閲覧システムだけであったが，学外からの大きな注目を受けて2012年にスマートフォンのアプリケーションを開発，App Store Best of 2012にも選出された。所蔵のコンテンツの形式をより利用しやすくしたことで，価値ある資料を教育と利用につなげた例である。

東寺百合文書WEB（http://hyakugo.kyoto.jp/）[5)]

京都府立京都学・歴彩館が所蔵する東寺百合文書は，8世紀から18世紀の古文書，桐箱100合分ということから名前が付けられた通り，古くからの膨大な量の資料である。この資料をデジタル化して目録データを「クリエイティブ・コモンズ 表示2.1 日本 ライセンス」（CC BY）で公開したのが，「東寺百合文書WEB」である。

従来，資料保存のため展示は年1回，閲覧室での利用も写真帳で行っていた。しかし写真帳から必要な箇所を抜き出す作業や並べ替えの手間がかかっていた。資料のさらなる活用のためにデジタル化を行い，世界共通のルールであるクリエイティブ・コモンズライセンスを用いて2014年にWebで公開した。2015年には世界記憶遺産（Memory of the World）に登録された。

東寺百合文書WEBではキーワードのほか，函の番号や年代，地図や年表からでも検索が可能となっている。文書中の人名は現代に知られている名前からでも検索ができる。書き下しのテキスト，展覧会などで用いられた文書には「百合百話」という解説も付けられている。

東寺百合文書WEBの最大の特徴は，京都府立京都学・歴彩館東寺百合文書WEBからの利用であることを明示すれば資料を好きなように利用ができる点である。広く一般に自由に利用してもらいたいという意識を関係者が共通して強く持っていたことが，データの自由な利用を認めるCCライセンスの導入，MLA施設の「オープンデータ」化につながった。　（松永しのぶ）

注

1）アジア歴史資料センターの設立経緯は「特集　デジタル・アーカイブによる歴史事実の共有——アジア歴史資料センター5年の回顧と展望——」（『アーカイブズ』第27号，2007年3月，http://www.archives.go.jp/about/publication/archives/027.html），牟田昌平「本格的電子アーカイブを目指して　アジア歴史

資料センターの紹介」(『カレントアウェアネス』No.272，2002年，11-12頁)
等が詳しい。

2)「戦後のアジア公文書をネット公開　公文書館の資料センター，明治〜戦前から拡大へ」(『朝日新聞』2016年12月22日，夕刊，2面)

3) 商業利用を目的とした素材は，2016年8月1日から株式会社アマナイメージズを通じて購入ができる。

4) 数多いJAXAが公開するデータを活用するには「平成24年度版　JAXAの歩き方　公開データのウェブサイトカタログ」(http://www.jaxa.jp/projects/db/pdf/tebiki.pdf) が参考になる。1ページごとにサイトとデータの説明がされており，目的に合わせてサイトを探す手助けとなる。

5) 公開の経緯については岡本隆明「京都府立総合資料館の東寺百合文書　デジタル化とWeb公開に向けた取り組みを通じて」(『情報管理』vol.59 no.3，2016年6月，181-188頁，https://www.jstage.jst.go.jp/article/johokanri/59/3/59_181/_pdf)，福島幸宏「京都府立総合資料館による東寺百合文書のWEB公開とその反響」(『カレントアウェアネス—E』，No.259，2014年5月22日，http://current.ndl.go.jp/e1561) に詳しい。

2-3　デジタルアーカイブの地域における活用

地域文化保存や地域振興においてデジタル化の必要性が認識されはじめてきている。総務省地域情報化アドバイザーをつとめた秋田県立図書館の山崎博樹副館長によれば，デジタル化したところで終わって放置されている場合が多く，データを公開する仕組みが必要だが，各機関がなかなかそこまでたどりつけないようである[1)]。博物館施設において，展示によって資料が公開される際は，資料活用の観点から教育普及活動が積極的に行われる。デジタルアーカイブにおいても活用を最初から視野に入れるのが望ましい[2)]。

そこで，活用ありきの公開の仕組みという観点から，地域文化および観光の促進を目的とし，市内の写真や撮影場所情報を提供している「せとうちデジタルフォトマップ」，デジタル化した地域資料を活用し，街の歴史を学び，自分だけの街歩きを楽しむ文化広場「お茶ナビゲート」，古地図と古写真を時間・空間情報につなげることができるアプリケーション「Stroly（ストローリー／旧名称：ちずぶらり）」，ウィキペディアを使い地域の文化資源をデジタルアーカイブ化する「ウィキペディアタウン」を紹介する。

せとうちデジタルフォトマップ　http://www.setouchi-photomap.jp/

せとうちデジタルフォトマップは，瀬戸内市内で撮影された写真や撮影場所などの情報をインターネットから閲覧，写真データをダウンロードできるサイトである。2014年に公開された。瀬戸内市立図書館[3)]が総務省の地域情報化アドバイザー派遣事業[4)]を活用し，地域情報化アドバイザーとして岡本真氏から支援を受け，Webによる地域情報のデジタルアーカイブを制作した。制作の際には千葉県南房総市役所商工観光部観光プロモーション課が作成した南房総フォトバンク[5)]が参考にされた[6)]。

図1　「せとうちデジタルフォトマップ」トップページ

「せとうちデジタルフォトマップ」は瀬戸内市の魅力を広くPRするとともに地域文化および観光の促進を目的としている。そのため，自己利用あるいは取引先への提供目的，教育活動による利用のほかに，広告やパンフレット等の印刷物や，ホームページ等のマルチメディアコンテンツ，映像，ゲーム，ソフトウェア等の構成要素の一部として，営利，非営利を問わず利用可能である。その際瀬戸内市に許可を得る必要はない[7)]。

「せとうちデジタルフォトマップ」への写真投稿者は居住地域・年齢・写真に関する経験を問わない。このような取り組みは市民や外部の人に瀬戸内市に愛着を感じさせる機会にもなる。

お茶ナビゲート　http://ocha-navi.solacity.jp/

図２　「お茶ナビゲート」トップページ

お茶ナビゲートは「街の歴史を学び，自分だけの街歩きを楽しむ文化広場」を掲げ，2013年にJR御茶ノ水駅前の御茶ノ水ソラシティ内にオープンした施設で，NPO法人連想出版[8)]が運営している。デジタル化した地域資料を活用しつつ，利用者の自発的学びを誘導し，お茶の水がもつ様々な特性を感じ取ってもらうことを目的にサービスを展開している[9)]。

文豪ゆかりの地や老舗商店，近代日本を代表する建築物など様々な分野の見どころスポット約300点を収録した専用端末を館内に設置。端末上で利用者が自らの興味に応じてスポットを選択し，自分のお気に入りを12か所集めたオリジナル散歩地図をプリントできる「街歩きステーション」というサービスや，江戸時代後期からから昭和の終わりまでを7期に分けて，デジタル化された千代田区・文京区を中心とした約600枚の古写真とそれぞれの時期を代表する古地図と重ね合わせながら46インチのフラットタッチパネルで閲覧できる「歴史ギャラリー」というサービスがある。

「街歩きステーション」は地域散策の起点として活用され，リピーターも増えつつある。「歴史ギャラリー」では地域の歴史を視覚的に捉えられることから，三世代間での会話やコミュニケーションが発生し，こどもや若者たちが地域の歴史に興味を持つ契機となっている[10)]。

Stroly（ストローリー／旧名称：ちずぶらり）　https://stroly.jp/

図3　Stroly社トップページ

「Stroly（ストローリー/旧名称：ちずぶらり）」はStroly（旧：ATR Creative）社が開発したモバイル向けアプリケーションプラットフォームである。タッチパネル画面に表示された古地図，絵図や観光地図の上にGPS（衛星全地球測位システム）の現在地情報が表示され，また画面に表示されたランドマークピンをタップすると，史跡などのランドマークに関する記事や写真，動画，音声などが展開する。

Strolyは地方自治体，イベント主催者，企業，大学などさまざまな機関で展開している。通常はアプリを展開したい機関が用意したコンテンツでStroly社側がデジタルマップの制作を行う。ただ，一部のプロジェクトでは機関側で地図の追加やコンテンツの編集を自ら行う形で展開しているものもあり，Strolyシリーズの一つ，『高遠ぶらり』はそのような公共図書館発のプロジェクトである。市民に開いた制作委員会方式で制作し[11)]，これを活用した街歩きをはじめとしたワークショップ形式の学びのプログラムを行っている。

前・伊那市立伊那図書館長（現・長野県立長野図書館長）の平賀研也氏は，伊那市立図書館は「伊那谷の屋根のない博物館の屋根のある広場」をキャッチフレーズに，地域の情報資源に着目して“地域の自然環境と暮らしに学ぶ”ことを大事にしている。これは，これまで伊那谷地域で長年にわたって蓄積されてきた「地域の学び」のありよう，実践的な学びとも重なるものだと考えている[12)]。こうした取り組みの中核の一つが高遠ぶらりプロジェクトであるとしている。ちずぶらりは編集の際，制作者が地図や写真を空間情報につなげることが可能であるため，地域資源を包括的に複眼的に保存できる。そのため制作のプロセスにおいてミュージアムや地域課題，活用においては観光，学校教育，生涯学習などとのつながりが生じ，双方に変化を生じさせている[13)]。

ウィキペディアタウン　https://ja.wikipedia.org/wiki/プロジェクト:アウトリーチ/ウィキペディアタウン/アーカイブ

図4　高遠図書館でのウィキペディアタウン実施時の様子

ウィキペディアタウンは誰でも編集できるWebのフリー百科事典ウィキペディアに地域の記事を作成・編集するイベントである。ウィキペディアタウンは，2012年に英国のウェールズにあるモンマスで初めて実施された[14)]。ウィキペディアタウンによって地域情報が世界中に公開されることで，地域の活性化や，多くの人々の情報の活用で副産物が生まれ，新しい価値の創造が期待される[15)]。日本における取り組みでは，2013年2月のインターナショナルオープンデータデイに合わせて横浜市で開催されたのが最初であり，その後，京都市，伊那市（長野県）でも開催された。NPO，博物館，大学図書館など実施主体は多様であり，北海道から福岡まで各地域へ広がりを見せている[16)]。イベントでは，まずウィキペディアの記事編集者からオープンデータの考え方や編集方針，編集方法について学び，街歩きと図書館での文献調査ののち，項目の編集と登録をパソコンで行う。並行して，街歩きで撮影した写真や地域の歴史的写真をウィキメディアコモンズ[17)]に登録することも行われる。伊那市高遠町図書館の諸田和幸氏は「ウィキペディア執筆においては出典を明確にする必要があり，図書館資料が必要となる。郷土資料などの普段眠っている資料を利用したオープンデータの作成から，情報をどのように得るかを参加者と共有，表現，発信していくことで情報活用能力向上をサポートすると同時に図書館利用の促進にもつながっていく」と述べている[18)]。また，ウィキペディアタウン実施時に地理情報データを誰でも利用できるよう，フリーの地理情報データを作成することを目的としたプロジェクトであるOpen Street Mapの編集が行われることもある[19)]。市民参加型で地域の文化資源をデジタルアーカイブ化する手法に今後も注目である。　（遠藤ひとみ）

注

1）デジタルアーカイブの連携に関する実務者協議会（第一回）議事概要（http://www.kantei.go.jp/jp/singi/titeki2/digitalarchive_kyougikai/jitumu/dai1/gijigaiyou.pdf, 2016年10月31日参照）。

2）営利非営利，規模の大小に関わらず，主体のミッションや理念はデジタルアーカイブ制作方針の拠り所になると考える。行政機関であれば憲法や法律，博物館や図書館ならば博物館や図書館法，地方公共団体ならば，自治体の基本計画やマスタープランも参考になる。

3）瀬戸内市立図書館（https://lib.city.setouchi.lg.jp/, 2016年11月5日参照）。
2016年6月1日，瀬戸内市立図書館の新館である瀬戸内市民図書館開館にあわせて，「せとうち・ふるさとアーカイブ」が公開された（http://www.k-digitalarchive.net/seto-city-lib/html/index.cfm）。

4）地域情報化アドバイザー派遣事業実施要綱（http://www.applic.or.jp/prom/chiiki_adviser/manual_soum_H27.pdf, 2016年10月30日参照）。

5）南房総フォトバンク（http://photobank.mboso-etoko.jp/）。

6）地域情報化アドバイザー活用優良事例（http://www.applic.or.jp/prom/chiiki_adviser/city.setouchi_library.pdf）。

7）利用の際は，原則として「©瀬戸内市」と提供クレジットを入れるよう求められている。営利団体は写真データをポストカード・カレンダーなど写真自体に商品性があるものには使用できない。

8）NPO法人連想出版（http://rensou.info/index.html, 2016年10月31日参照）。
研究者，編集者，Webデザイナーなどの専門家が集まり，2005年8月，信頼できる情報を社会の公共財として育てることを目標に設立された。

9）中村佳史「地域アーカイブを活用した情報拠点施設の可能性」（第100回全国図書館大会組織委員会発行編集『第100回全国図書館大会東京大会要綱』2014年，335-336頁）。

10）施設内には書棚があり，御茶の水界隈について書かれた歴史書，郷土資料や，街歩きに役立つガイドブックや雑誌なども施設内で自由に読むことができる。また街歩きツアーやセミナーワークショップも実施。デジタルとリアルな交流の場が形成されている。

11）「高遠ぶらり」は，試験的に高遠ぶらり製作委員会が地図の追加やコンテンツの編集を行っている。

12）伊那市立伊那小学校では，子どもたちの学び意欲，内からの育ちを大切に総合活動，総合学習が進められている。「チャイムがない」「時間割がない」「通知表がない」が特徴である。
島田俊彦「現場レポート　NO3 伊那市立伊那小学校　総合学習・総合活動」（長野県教育委員会　長野県の「特色ある教育活動」を紹介します！）（http://www.pref.nagano.lg.jp/kyoiku/kyoiku02/gakko/gakko/katsudo/documents/

report3_1.pdf, 2017年9月1日参照)

13) 平賀研也「地域に立ち，学びを“知の体系”から解き放つ“地域の知のコモンズ（共有地）”の構築とその活用の可能性」（日本青年館「社会教育」編集部『社会教育』2014年11月号，2014年，16-23頁）

14) 博物館や学校など建造物・展示物にQRコードを印刷されたプレートを1000か所に設置。町全体にWi-Fiが張り巡らされており，スマートフォンなどをかざすとウィキペディアへの検索ができるようになっている。ボランティアらによって500件以上のウィキペディアの記事が編集されている。
プロジェクト：アウトリーチ/ウィキペディアタウン/アーカイブ（Wikipedia., https://ja.wikipedia.org/wiki/ウィキペディアタウン）。

15) 同上。

16) 是住久美子「CA1847――ライブラリアンによるWikipedia Townへの支援」（『カレントアウェアネス』国立国会図書館，2015年，http://current.ndl.go.jp/ca1847，2016年11月5日参照）。

17) ウィキメディアコモンズ　Wikimedia（https://commons.wikimedia.org/wiki/Commons:%E3%82%88%E3%81%86%E3%81%93%E3%81%9D?uselang=ja, 2016年11月5日参照）。

18) 吉田直幸「地域の歴史や自然を活用し図書館の可能性を広げる――伊那市立図書館（長野県）」（『月刊ガバナンス』8月号，ぎょうせい，2016年，41-43頁）。

19) Open Street Map（https://www.openstreetmap.org/about, 2016年11月5日参照）。
Open Street Map Japan（https://openstreetmap.jp/, 2016年11月5日参照）。

2-4　芸術文化のデジタルアーカイブによる活用

文化財や美術品は実際に博物館や美術館に訪問することでしか鑑賞できず，繊細な素材の工芸品などは作品の保護のためにも常に展示することは難しい。限られた場所や期間でしか公開が難しい美術品も，デジタルアーカイブで公開することができれば，いつでも，どこでも，また複数人が同時にアクセスできる環境を提供できるため，海外からの閲覧者を含め多くの人々に貴重な文化財や美術品を鑑賞や研究，教育に役立てることができる。また，デジタル化によって文化財や作品そのものの公開・閲覧による劣化を防げるため，保護と活用を両立することも可能だ。

近年は，表現の幅も多様化しており，例えばパフォーマンス，イベントなど参加者がその場所でしか体験できなかったり，空間全体に作品を配置するインスタレーションなど，作品そのものを残すことが困難な表現技法も広まっている。そのような表現活動では写真や映像などの記録が作品に近い価値を持つ傾向もあり，アーティストの著作権などの権利処理も十分に検討していくことが必要だろう。また，視覚芸術という枠組みには伝統的な工芸品・美術品に限定されず，写真・映画・マンガ・メディアアート・ファッションなど多様な視覚文化全般でデジタルアーカイブに様々な展開が見られる。

文化遺産オンライン（http://bunka.nii.ac.jp）

文化遺産オンラインは，全国の博物館・美術館で収蔵する多様な文化財・美術品などの画像や情報にインターネット上でアクセスできるポータルサイトとして公開されている。国宝や重要文化財を含む旧石器時代から近代までの美術工芸品や，祭りや町並みなど無形の民俗文化財のデジタル画像を検索・閲覧できる。

2003年から文化庁と総務省が連携し，文化遺産のアーカイブ化を促進するために検索システムを整備することが構想された。2004年の試験公開版を経て2008年より正式公開され，国立情報学研究所の技術協力を受けて文化庁が運営している。博物館や美術館が文化遺産オンラインに登録し所有する文化財や美術品をデータベースに登録することができ，2016年10月時点で，登録館数973館，作品登録件数122,769件となっている。

目的の文化財や美術品が定まっていれば文化遺産データベースから直接検

索することもできるが，縄文時代や江戸時代など「時代」，彫刻や伝統芸能などの「分野」，国宝や無形文化財などの「文化財体系」の分類から専門的な知識がなくても作品を検索できる。また連想検索によって，ある作品の情報ページに関連する他の作品が画面上に表示されたり，関連する作品を検索することもできるため，作品の知識の広がりを得られる工夫がされている。

国立民族学博物館　身装画像データベース〈近代日本の身装文化〉（http://shinsou.minpaku.ac.jp）

「身装画像データベース〈近代日本の身装文化〉」は明治維新以降から第二次世界大戦終戦までを対象とし，身装文化の変容を捉えたデジタルアーカイブである。国立民族学博物館で長年続けられていた服装・身装文化資料のデータベースの一角を成すもので，現在は大学関係者で構成されたMCDプロジェクトによって運営されている。2016年時点で5,000件のデータが公開されている。

当時の新聞小説挿絵，写真，図書中の図版，ポスターなどを鮮明な画像で閲覧することができ，挿絵部分のみをクローズアップして表示できる。すべての画像データには豊富なメタデータが付与されており，「身装画像コード」・「年代」・「制作者」の一覧から検索ができる。身装画像コードは，できごとや日常生活の様子や，衣服の種類や素材からカテゴリー分けされていて，興味のあるトピックから画像データを見つけることができる。また，データベースの時代背景やその文化変容に関する約300テーマの参考ノートも公開されており，文章情報からも当時の時代背景などについて深い理解を得ることができる。画像とテキストから，近代日本の明治から昭和にかけて当時の人々の装いに対する価値観や文化を活き活きと読み取ることができるデジタルアーカイブになっている。

画像データベースの検索画面からは，検索結果に表示された画像から横断連想検索できるようになっていて，相互に関連したデータベース内の画像を閲覧できる。将来的には先に公開された「身装電子年表（http://htq.minpaku.ac.jp/databases/mcd/nenpyou/index.html）」と連携し画像データベースと行き来できるようなシステムを目指したいとのことだ。

ICC HIVE（http://hive.ntticc.or.jp）

NTTインターコミュニケーション・センター（ICC）が公開するHIVE（ハ

イヴ）は，ICC館内とインターネット上に公開されたデジタルアーカイブである。日本でも有数のメディアアートを専門とする展示施設であるICCで開催された展覧会，シンポジウム，ライブイベント，ワークショップ，コンサートなどのイベントの記録映像や，関連するアーティストや評論家のインタビューなどが公開されている。2004年よりICC館内で公開され，2006年よりWeb公開が始まった。ただし，Webで閲覧できるのは公開の許諾を得られた映像に限定されている。

それぞれの映像にはタグが付与されていて，カテゴリーを横断したタグ検索もできる。「ICC活動記録」のような年間の活動をまとめて編集した映像も公開されているが，ライブイベントやシンポジウムの記録映像は開始から終了まで通しで見ることができ，参加できなかった人もイベントの様子を知ることができる。海外から招聘されたゲストや，現在も活躍するアーティストなど，多彩な登壇者のインタビューやイベント記録のアーカイブが蓄積されているため，アーティストの考えに触れるために有益な映像資料となっている。

また，Web上で公開されている映像コンテンツはクリエイティブ・コモンズ・ライセンスに準拠した形で無償公開されており，権利に沿う利用範囲であれば，教育目的としての教材利用や利用者自身の創造活動などに二次利用することが認められている。HIVEのコンセプトとしても映像資源が創造的に利用されることを推奨しており，過去にも海外の美術館で実際に映像が活用された事例もある。

日本美術オーラル・ヒストリー・アーカイヴ（http://bunka.nii.ac.jp）

日本美術オーラル・ヒストリー・アーカイヴは，同名義の非営利団体が公開するデジタルアーカイブで，美術に携わってきた人々のインタビューをオーラル・ヒストリー資料として収集公開している。2006年より構想され2007年より聞き取り調査を開始，2009年に最初の9件が公開された。2016年10月時点では88名（組）に対するインタビューが，書き起こしされてWeb上でテキストデータとして公開されている。

オーラル・ヒストリーは作家自身が語る言葉で作品の制作背景や作家性を知ることができるため，美術研究のための資料的価値が高い。しかし，日本にはオーラル・ヒストリーを体系的に公開するアーカイブは存在しておらず，非公開のデータや展覧会に関連した話題に限定されるインタビューが各美術館に散在して残されているような状況であったことが，このアーカイブ設立のきっかけになった。このデジタルアーカイブでは，語り手の生い立ちから現在の活動までを網羅的に聴き取ることで，作家の全体像を知るための有益な研究資料になっている。インタビューを実施したアーティストの中には，故人になってしまった作家もいるため，生前の言葉を残したアーカイブの価値は高い。

公開されているインタビューは日本美術オーラル・ヒストリー・アーカイヴが著作権を保持しているが，教育・研究など非営利目的であれば，団体への許可を得ずにオーラル・ヒストリーを利用することができる。聞き取りの対象は1950年代から60年代にかけて活躍した作家が中心であるが，当時の動向を知る批評家，研究者や，若手作家へのインタビューも試みられており，近代から現代美術まで網羅した多様性のあるオーラルヒストリーが蓄積されていくだろう。将来的には聞き取り時の映像・写真記録をアーカイブに加えていき公開することや，インタビューを英訳し国外にも発信していくことが検討されている。

（井出竜郎）

2-5　組織の記録と広報

組織が活動していく過程において，生成される記録を残していくために，従来さまざまな方法が採られてきた。本節では，組織の文書記録に関するアーカイブ編成の考えかたを紹介し，デジタル技術がもたらす可能性を示す。

持続可能性

組織の記録は，ある特定の時期のものだけではなく，継続的に残されることで有用性をもつ。組織の記録を継続的に保存していくためには，業務で使われている文書（現用文書）の管理と，業務が完結したあとの文書（非現用文書）を移管する仕組みが重要とされてきた。

効率性

組織アーカイブズの運営はそれ自体に費用がかかるため，効率的なモデルを設計してシステムとして実装する必要がある。現用文書の保存期間を設定し，保存期間満了後に，組織にとって重要な文書が効率的にアーカイブズ部門に移管される仕組みを整備することが望ましい。

文書管理の制度的枠組み

公文書に関しては，その管理のための制度的枠組みが存在する。行政機関における公文書の管理方法を定めるのは「公文書等の管理に関する法律（公文書管理法）」であり，その運用のために「行政文書の管理に関するガイドライン」「特定歴史公文書等の保存，利用及び廃棄に関するガイドライン」がある。県レベルでは条例によって公文書管理のルールが決められていることが多い。公文書館に相当する機関は，こうしたルールを前提に，文書を作成した部署に移管をうながす。企業などで文書管理規定が存在しない場合には，広報や情報資源活用といったアーカイブの効果を示すことで，社内の他部署に働きかけることもある。

アーカイブの記述モデル：群

組織アーカイブのモデル化の方法のひとつは，資料群全体が単一の出所を持つものととらえ，資料を生産した組織の構造にしたがって文書どうしの関係を表現するものである。このアプローチでは，資料を取り巻くコンテクストである組織の構造にしたがってアーカイブをモデル化する。たとえば，組織全体を表すルート要素の下に，部・課・係といった下位要素を位置づけ，さらにそれらの下に個々の資料を位置づけるというモデルである。このように文書群を把握すれば，単純な階層構造で全体を表現でき直観的にわかりやすい。

ただし，長期にわたって存続する組織はその構造が変化することがまれではなく，アーカイブを階層モデルで記述することは困難なことが多い。たとえば，下位組織が新設・統廃合されたり，期限付きのプロジェクト・チームが設置されることもある。このように変化する組織の構造は静的な樹形図として記述できないため，出所ごとに分類すると同時期に存在しない下位組織が樹形図上に並んでしまうことになりうる。こうしたモデルは，過去において完結している組織のアーカイブ編成に適している。

アーカイブの記述モデル：系列

組織アーカイブのモデル化のもうひとつの方法は，組織構造が変化してもアイデンティティを保ちつづける資料の系列（シリーズ）に注目するものである。たとえば「業務」は近代的な組織のアーカイブにおいて系列の単位とみなしやすい。組織構造が頻繁に変化しても，業務内容が継続していれば，そこに資料群の通時的なアイデンティティを見いだすことができる。つまり，業務単位で資料を分類しておけば，その業務の担当部署が変わっても目録を通じて原資料に辿りつくことができるという発想である。

ただし，業務を単位としてアーカイブを編成するには，アーキビストが組織の業務に精通している必要がある。また，業務単位で資料を分類していても，実際には階層モデルに近いとらえかたで運用されてしまうこともありうる。業務をキーとして階層を構成した場合でも，出所単位で階層構造を作る場合と同様に，柔軟性が損なわれる恐れがある。このモデルは，現在進行形で組織構造が変化し，かつ現用段階でメタデータが付与される文書管理体制が敷かれている組織のアーカイブ編成に適している。

アーカイブの記述モデル：ネットワーク

現在進行形で変化しつづける組織の記録をアーカイブするには，組織構造や業務のようなコンテクスト情報と個々の資料の関係を柔軟に記述できることが望ましい。データどうしの関係を階層モデルやリレーショナル・モデルで記述すると，いずれかの要素をキーとして扱うことになり，柔軟性が失なわれてしまう。有望な選択肢は，要素どうしの関係を階層的なツリー構造ではなくネットワーク構造としてとらえるモデルである。このモデルでは，要素どうしの関係が一意である必要はなく，複数の関係や解釈を記述可能である。これによって，部署や業務などの複雑で変化する関係を記述することができる。このようなモデルは，近年開発がさかんな，リンクト・データ関連技術を使ってシステムとして実装できる。

アーカイブ連携

デジタルアーカイブは情報発信の強化や資料の利活用促進に役立てることができる。一般公開する場合は，インターネットを通じた関連組織との横断検索や，利用者が利用しやすい検索システムを整備するとよい。標準的なメタデータの語彙やデータ形式を用いることで，他組織のアーカイブともつながりやすくなり，資料の活用可能性を広げることも期待できる。

メタデータ

文書の目録は，組織によってメタデータ項目が異なる。他組織との横断検索のためには，国際標準に準拠したメタデータ項目にマッピングすることが望ましい。アーカイブズにおけるメタデータの国際標準としてはISAD（G）があり，データの交換のためにはEADなどのXMLスキーマが知られている。また，新しい標準としてRIC-CMの策定が議論されている。さらに，図書館や博物館などの資料のメタデータ記述のためには，それぞれ国際標準があるので，業界の標準が何なのか知っておくことが重要である。

データの形式

デジタル画像を編集する際には，情報量を多く保持できるいわゆるRAW画像が重宝される。しかし，RAW画像の形式はカメラや複写機器の製造業者によって異なり，長期保存には適さず容量も大きくなる。公開に際しては，普及しているJPEGなどの形式を用いるのが一般的である。文書や表，プレゼンテーション資料は，Microsoft Officeなどいわゆるオフィス・ソフトウェアで作成されることが多いが，ソフトウェアのバージョンやOS環境が変わると読めなくなる恐れがある。そのため，PDF/AやJPEGなどの形式で保存されることが多い。デジタルデータの形式については，今後の技術変化を見て標準的形式に変換しつづけていくことになるだろう。

ハードウェア環境

公文書などのデジタルアーカイブについては，システムの持続可能性が特に重要である。組織の記録が増え続けると，データ容量や処理量も増加していく。アクセス数によって必要なネットワーク速度も変わる。このためサーバーマシンにはスケーラビリティが求められる。外部業者のクラウド・サービスや長期保存用の磁気テープの保管サービスを含め，組織にあった選択肢を見定める。

組織内の広報部門や他部署との関係

組織の記録を保存するためには，その全体像を把握する必要があり，現用文書の管理を所掌している部門（組織に依るが総務・法務・秘書部門等）とアーカイブズ部門との協力が不可欠である。デジタルアーカイブを利活用することについては広報部門との連携が必要なことも多い。

デジタルアーカイブ資源の広報活用

組織の記録は，周年事業や，PR活動，展示企画等に利用できる。時空間情報やテキストの解析機能を用意することで，分析・編集の支援に役立てることが考えられる。また，画像や動画などのデジタル資源は，バーチャル展示や，グッズ制作などのかたちで利活用できる可能性がある。

アーカイブとアプリケーション

デジタルアーカイブ・システム関連の技術は日進月歩で変化しており，現在のシステムが将来においても安定して運用できる保証はない。そのため，目録や画像のデータのアーカイブそのものと，検索・解析・編集支援・広報などのためのアプリケーションはシステム上は分離してしまう事が，安定的な運用のためには合理的である。こうしておけば，技術革新や新たな国際標準策定の動きがあった場合に柔軟に対応しやすくなる。（宮本隆史，加藤諭）

2-6　災害デジタルアーカイブ

災害デジタルアーカイブでの記録

災害デジタルアーカイブは，自然現象が人間社会や生態系に及ぼす影響とそれに対する人間社会の対応を記録・保存する活動である。記録の対象となるコンテンツは，主に被災後の記録が中心となるが，予防や事後対応を検証する際に被災前後の状況を比較する必要があるため，被災前の映像や資料も収集・保存の対象となる。また，復旧・復興過程を未来に向けて記録し続けることが求められる。対象となるコンテンツには，一次資料（行政文書やチラシ，手記などの文書資料，写真，動画，証言などの音声，地理空間データ等）と二次資料（書籍や論文，報告書，新聞・雑誌等）があり，収集された資料が現物の場合は，アーカイブに先立ちデジタル化の作業が必要となる。一般に，書籍や新聞などの二次資料は，図書館等に収蔵され，アーカイブシステム上はメタデータ（書誌情報）のみ管理し，ユーザーはメタデータの検索のみ可能となる。一次資料の中には，証言の動画や音声とトランスクリプト（音声の内容を書き起こしたテキストデータ）があり，同一の証言について複数のコンテンツとして管理される。被災地の航空写真や被害実績図などの地理空間情報も記録の対象となる。

近年，ボーンデジタルの時代を迎え，デジタルカメラ，デジタルビデオカメラ，ワープロソフト，ホームページや電子メール，グループウェア，SNS，地理空間情報システム等により，はじめからデジタルデータで生成される記録が主流となりつつある[1]。

アーカイブシステム

災害デジタルアーカイブシステムは，記録の管理者がデジタル化された記録を保存・公開し，ユーザーがインターネット上で検索・閲覧しダウンロードするためのWebアプリケーションシステムであり，一般に以下の手順で構築し運用される。

①管理者が，記録・収集された個々のコンテンツに権利処理（著作権やパブリシティ権）やプライバシー処理（画像のモザイク化等による個人情報の秘匿）を施す。

②管理者が，メタデータ（管理メタデータと利用者が検索に利用するための記述

メタデータ）を付与した上で，コンテンツとメタデータをデータベースに登録する。

③管理者が，公開・非公開（申請に基づく制限付き提供などを含む）を判断し，インターネット上で公開する。

④利用者はWebブラウザを用いてシステムにアクセスし，メタデータを用いて検索し，コンテンツとメタデータを閲覧しコンテンツをダウンロードする。

利用者は，コンテンツのダウンロードに先立ち，システム上で管理者が定めるコンテンツの使用条件への同意が求められる。管理者によっては，使用目的を非営利に限定することや，第三者に対する有償配布に制限をかける場合もあり，デジタルアーカイブシステムは，サイト全体または個々のコンテンツごとに使用条件を設定し，利用者に周知する機能を有する。

地理空間情報の提供は，利用者がローカルのGISアプリケーションを用いて利用するためのダウンロード提供方式と，Webブラウザを用いて利用するためのSaaS（WebGISのサービス）提供方式，他のWebGISで動的に利用するためのAPI提供方式が求められる[2)]。

記録の対象

記録対象は，人的，物的，経済的，文化的な被害の記録と，避難行動，救命活動，災害時の保健・医療・福祉の活動，建物や道路，ライフライン等の復旧活動，避難生活，ボランティアやプロボノによる被災地支援活動等，災害への対応の記録に大別される。また，個人の生活再建や被災自治体・地域コミュニティの復興過程も記録の対象となる。

人的被害については，災害による直接的な被害に加え災害関連死など間接的な被害も記録の対象となる。物的被害としては，建物・施設，家財，道路・橋梁などの社会基盤や，上下水道・ガス・電気・通信等のライフライン，公共交通機関，地盤や農地被害など，それらの被害状況と復旧・復興過程が記録される。なお，復旧を担う主体による物的被害の記録は，物的被害が避難行動や救命活動を阻害することがあるため，緊急輸送路の設定や緊急啓開の優先順位の決定，耐震基準の見直し，通信のバックアップ体制の見直しなど，様々な防災対策の検討に利用されるため，当事者に留まらず防災関連機関の間で幅広く共有されることが求められる。

文化的被害とその対応の記録には，有形・無形の文化（財）の双方が記録の対象となる。また，それらの文化の保存と伝承に取り組んできた団体や地域コミュニティの被害とその再生にむけた取り組みも併せて記録の対象となる。なお，文化とは国等の行政機関に指定されたものに限定されないため，被災地の方々が何をもって地域の文化として記録に残すべきかについては，日ごろから地域で共有されていることが望ましい。

記録主体とアーカイブの管理主体

一般に，災害を記録する主体は，国等の防災関連機関をはじめ，被災自治体（都道府県・市区町村），被災地の住民や各種団体等となり，当事者による記録が主体となる。加えて，報道機関や大学等研究機関など第三者も記録主体となる。東日本大震災後に改正された災害対策基本法は，住民に対して「…過去の災害から得られた教訓の伝承その他の取組により防災に寄与するように努めなければならない」（第7条第3項）として，災害の教訓（記録）を活用した防災対策の責務（努力義務）を課すこととなった。一方，国や自治体には，災害対策基本法その他の法律にも災害の記録やアーカイブに関する明確な根拠規定がない。

被災自治体は広報担当者が記録誌編纂等を目的として被災や対応を写真や動画等により撮影し記録するとともに被災住民等が記録した映像等の資料を収集する。しかし，被害が大きく，かつ広範に及ぶと被災した市町村による記録は困難となる。また，初動期は人命救助や応急救護等が優先され，復旧期も被災住民の生活再建が優先され，被災者当事者による記録や収集が後回しとなる。東日本大震災（2011年）では，発災直後に「311まるごとアーカイブ」という公民協働プロジェクトが立ち上がり，被災地が取り組む災害デジタルアーカイブを支援するプロボノ活動が展開された[3)]。具体的には，被災自治体に代わり被災地の状況を写真やビデオで記録する「記録ボランティア」の派遣や，証言等オーラルヒストリーの聞き取りと収録，災害対応に関する行政文書のデジタル化・データベース化，被災地の住民等が撮影した被災映像等の収集と整理（権利処理やプライバシー処理，メタデータ付与等を含む），ボランティア体験談の収集・整理などの支援活動が取り組まれた。国には災害ボランティアの環境整備に留まらず，アーカイブを支援するプロボノ活動のための環境整備が求められる。

被災市町村の災害対策本部では，災害対応に係る意思決定過程や他機関との調整過程が手書きのメモやホワイトボードに記録される。そのほとんどがデジタル化されることもなく現物も破棄されており，災害記録の保存に関するルールが確立されていない。

災害の記録主体とアーカイブの管理主体は必ずしも一致しない。記録主体が自らアーカイブに取り組むケースと，公立図書館，大学・大学図書館，研究機関，博物館，災害祈念館，学会などの第三者が記録主体からデータを収集し，アーカイブを構築し運用するケースに分かれる。一般に大学や研究機関のアーカイブは組織的な取り組みではなく，研究者個人として資料を記録・収集し研究成果が論文として公表されると，その利用が研究目的に制約されるために，資料が社会的に共有されず死蔵される傾向にある。そうした中で，阪神淡路大震災（1995年）関係のアーカイブでは，神戸大学附属図書館の「震災文庫」（http://www.lib.kobe-u.ac.jp/eqb/）が震災後20年を超えて継続的に取り組んでいる。収集された関連図書や報告書，論文等二次資料の書誌情報（メタデータ）の公開とともに，写真や動画，チラシなどの一次資料のデジタルアーカイブにも取り組んでいる。同文庫は，阪神・淡路大震災記念人と防災未来センター（http://www.dri.ne.jp/material/photo_list1）とも連携し横断検索が可能となっている。

東日本大震災では東北大学が被災地の大学として「みちのく震録伝」（http://shinrokuden.irides.tohoku.ac.jp/）と呼ばれるデジタルアーカイブを立ち上げ運用している。ただし，収集範囲は宮城県に限定され，岩手，福島ほか東日本大震災のアーカイブを網羅するものではない。国は，国立国会図書館の「ひなぎく」（http://kn.ndl.go.jp/#/）を立ち上げ東日本大震災のデジタルアーカイブとして運用している。一方，被災自治体は，気仙沼市など自治体が独自にアーカイブシステム（http://kesennuma-da.jp/）を構築・運用するものと，岩手県と宮城県（https://kioku.library.pref.miyagi.jp/）のように県立図書館が被災した市町村等からデータの提供を受けて県単位でアーカイブシステムを運営するものがある。仙台メディアテーク（http://www.smt.jp/）は，仙台市の生涯学習施設としてアーカイブに取り組み，展示やワークショップ，ドキュメンタリーの公開など，アーカイブの構築と利活用を一体的に推進している。福島県は県立図書館ではなく県庁ほかから構成されるコンソーシアムを形成しアーカイブに取り組んできた（http://fukushima.archive-disasters.jp/doc/）。福島・国際研究産業都市（イノベーション・コースト）構想の国際産学連携拠点の一つとして，東日本大震災及び原子力災害の記録と教訓を後世に伝えるアーカイブ拠点施設を位置づけ，同拠点においてアーカイブに取り組む計画が進められている（https://www.pref.fukushima.lg.jp/uploaded/attachment/130698.pdf）。

災害デジタルアーカイブを巡る諸課題

著作権（同意，孤児作品）や被写体の肖像権，個人情報保護，パブリシティー権，個別法の守秘義務規定，情報公開制度（請求に基づく義務的開示制度），公文書管理制度（保存対象と保存年限。特定歴史公文書の永久保存）などにより，災害の記録の収集，保存，公開，利用が阻害されている側面がある。また，災害デジタルアーカイブの記録対象は広く，国や自治体の縦割り行政の中で，アーカイブの所管（財源）を決めにくいということも，災害デジタルアーカイブの推進に負の影響を及ぼしている。

ボーンデジタル時代の特徴として，爆発的に普及したスマホによって市民がいつでもどこでも写真や動画で災害を記録し，SNS等によりリアルタイムでシェアできる時代を迎えた。こうした市民参加による災害デジタルアーカイブの可能性を踏まえ，提供されるコンテンツの信憑性（信頼性）の確保や権利処理，寄贈（又は包括的な使用許諾）される莫大な量のコンテンツのメタデータの整理や公開・非公開の判断基準，保存対象とするか否かの選別基準など，技術的・制度的な整備が急務となる。

東日本大震災において問題となった学校管理下における生徒・児童の保護と避難誘導を検証するためには，PTSD（心的外傷後ストレス症候群）などに配慮しつつ初動段階で児童・生徒や教職員，保護者，地域住民等の証言を記録することが求められる。その際，メモなどの記録が破棄されないように，また，録音物を永年保存の対象とするなど，平常時の公文書保存管理とは異なる記録・保存のルールの整備が求められる。

災害デジタルアーカイブの公共性，社会性，歴史性，国際性に鑑み，その推進の役割を被災市町村に限定せず，被災自治体等と国の責任において推進する新たな制度の創設が急務となる。また，災害デジタルアーカイブは，地域社会の歴史や文化のアーカイブと一体的に取り組むべきものであり，特に，東日本大震災により生じた福島原発事故の影響を受けた地域については，災害の記録，超長期の避難生活のオーラルヒストリーに加え，帰還困難地域の過去の伝統や文化に関するデジタルアーカイブの構築や利活用を円滑化すべく，特別法等より踏み込んだ法整備が求められる[4)]。 （長坂俊成）

参考文献

1）長坂俊成「ボーンデジタルの時代における災害デジタルアーカイブとその利用」（『日本写真学会誌』79（1），2016年，16-22頁）
2）長坂俊成「リスクガバナンスを支える相互運用型情報共有プラットフォーム～防災危機管理の視点から～」（『都市計画318号』67（6），2015年，36-41頁）
3）長坂俊成『記憶と記録　311まるごとアーカイブス（叢書 震災と社会）』（岩波書店，2012年）
4）福井健策・吉見俊哉監修『アーカイブ立国宣言』（ポット出版，2014年）

2-7　デジタルアーカイブの学術・教育での活用

デジタルアーカイブを構築した後に一番問題となるのは，利用量（トラフィック）である。多くのデジタルアーカイブが公的資金で構築されているが，構築したのに利用量が増えなければ構築の意義を問われ，悪くすると後年度の予算がカットされる。利用量を増やす方法はいくつか考えられるが，効果的なもののひとつが教育利用である。ここではデジタルアーカイブの教育分野への利用例をいくつか紹介する。

教育用素材

もともと教育用に作成された素材をWebで提供しているものである。

①NHK for School

NHK for SchoolはNHKの学校向け放送番組等をネット配信しているもので，以前は「NHKデジタル教材」と呼ばれた[1]。ここでは番組全体だけでなく，そこで用いられているデジタル素材（クリップ）も合わせて提供されているところに特徴がある。『NHK for School利用ガイド2014』によれば，約5,000件の動画クリップを提供しているとされている[2]（2015，2016年のガイドには数字が記載されていない）。この教材は極めてよく利用されており，小学校教師の38%が利用している[3]。利用研究も多数報告されている。

②NHK Creative Library

NHK Creative Libraryは，NHKのニュースやNHKアーカイブスなどの番組から切り出した素材約5,000本が収録されており，ダウンロードして自由に利用できる。内容はNHK for Schoolの素材と重複していると考えられる。利用条件[4]は，（1）営利・政治目的での利用の禁止，（2）著作者名の表示，（3）名誉・声望を害する利用の禁止，（4）組み合わせる他の素材について著作権侵害の禁止，（5）不法行為の禁止，（6）利用規約の継承，などである。YouTube上には若干の利用例が見られる[5]。

③教育用画像素材集

『教育用画像素材集』は，独立行政法人情報処理推進機構（IPA）が提供する17,000点の教育用画像素材である。IPAのサイトには活用事例が15ほど紹介されている[6]。「画像」という名称になっているが，動画も5,200件ほど収録されている。利用規約には，「学校等教育機関等における教育目的のための，非営利での利用に限り，複製，加工，二次的利用を行うことができます」と書かれている。

④理科ネットワーク

国立研究開発法人科学技術振興機構が作成して提供している理科教育のためのデジタル教材で，137本の動画と50,000点の素材がある。小・中・高等学校向けのものであり，授業の中でカスタマイズして利用することもできる。利用状況であるが，平成19年度（2007年度）からのCD/DVDの送付枚数は60,000件を超えている。なおこのコンテンツは2017年3月末日に提供が終了した。

教育を意図して構築されたデジタルアーカイブ

これには次のようなものがある。

①せんだい教材映像アーカイブ

仙台市教育委員会などが作成した仙台の自然・歴史・文化等に関する映像教材を「せんだいメディアテーク」がデジタル化したもので，1984年以降の400本以上の動画が収録されている。

②札幌市視聴覚センター　デジタルアーカイブス

札幌市視聴覚センターが制作している地域教材である。学校教育，社会教育，共通教材，特別教材など約200点の教材がある。

③岐阜女子大学デジタルミュージアム

岐阜女子大学ではさまざまなデジタルアーカイブを作成・提供しているが，なかでも『沖縄修学旅行おぅらいデジタル・アーカイブ』は修学旅行のパンフレットとして開発したもので，これまでに冊子16,000部を希望に応じて高等学校に配布している。冊子体に印刷されたQRコードからWebでの画像や動画にアクセスできるというユニークなものである。

既存のデジタルアーカイブの教育利用提供

次のような例がある。

表1　既存のデジタルアーカイブの教育利用例

				特徴
1	琉球文化アーカイブ	沖縄県立総合教育センター	沖縄県立博物館・美術館，壷屋焼物博物館，裏添市美術館，沖縄県公文書館，平和祈念資料館などのデジタルアーカイブのポータルサイト	コンテンツの二次利用は禁止
2	彩の国デジタルアーカイブ	埼玉県	所蔵する映画，TV番組，文化財写真，記録写真などの貴重資料をデジタル化	授業で使える無料コンテンツをDVDで貸し出し
3	にいがた地域映像アーカイブデータベース	新潟大学人文社会・教育科学系	「地域映像アーカイブ」の一部(写真約2万7,000点と動画約300本)が『にいがた 地域映像アーカイブデータベース』として公開	教育現場(学校内)で自由に利用

課題

教育現場でのデジタル素材の利用は，NHKなどが提供する教育用に作成された素材が中心で，デジタルアーカイブの活用はまだこれからである。しかしデジタルアーカイブ，とりわけ地域史料のアーカイブは，地域の教育機関にとって有用なコンテンツを提供している。これが十分利用されていない場合は次の問題が考えられる。

①コンテンツが利用しやすい形で提供されていない

ネット環境の進化に伴い，動画を含むコンテンツのネット提供はより改善される必要がある。とりわけ申込などの手続きなしで学校現場で利用できることが好ましい。画像についても現状は現状は必ずしも高解像度画像が提供されていない。

②素材の再利用が許諾されていない

著作権的に再利用可能なコンテンツとそうでないコンテンツが混在しており，利用条件があきらかでない。再利用可能なコンテンツについてはそれを明示し，許諾なしの自由な利用をうながすことが好ましい。今後作成するコンテンツについてはクリエイティブ・コモンズなど，再利用ライセンスを明示することを考えるべきである。

③利用体験の共有

利用体験の一部は学会などで発表されているが，もっと気軽に利用体験を交流できるフェイスブックのような場が必要と思われる。（時実象一）

参考文献

1）菊江賢治，武田一則，宇治橋祐之「NHKフルデジタル教材の開発および利用実験」（第17回 日本教育工学会全国大会予稿集，2001年）

2）「NHK for School利用ガイド2014」（http://www.nhk.or.jp/school/first/pdf/nfs2016.pdf）

3）宇治橋祐之，小平さち子「メディア変革期にみる教師のメディア利用〜2013年度『NHK小学校教師のメディア利用に関する調査』から〜」（NHK放送文化研究所編『放送研究と調査』6月号，2014年）

4）利用のルール（http://www1.nhk.or.jp/creative/rule.html）

5）アフレル AFURERU - Tete（original song）映像素材：NHK Creative Library（https://www.youtube.com/watch?v=1gyXirMMPHI）

6）素材活用例（https://www2.edu.ipa.go.jp/link/, 閲覧. 2016/8/8）

あとがき　デジタルアーカイブを知るために

あなたが、学校や職場で「この資料は貴重なものだから、デジタルにしてサイトに載せよう」と言われたら、どこから手を付ければいいのか、迷ってしまうのではないだろうか。どのようにデジタル化し、どこで見せて、どうやって広めていくのか。権利関係はどうなるのか。他に気を付けることはないのか。似たようなことをやっている事例はないか。

「デジタルアーカイブ」という用語や実際のサイトは、近年頻繁に目にするようになった。書かれた記事もたくさん見つかる。しかし、デジタルアーカイブの実践的な作り方がまとまっているものは少ない。これまでは比較的大規模な図書館や博物館がデジタルアーカイブを作ってきたが、これからは小規模の機関にどんどん広がっていく。人が少ない機関では、一人で全てをカバーすることもあるだろう。「デジタルアーカイブを作るにはどのような仕事が必要なのか」を幅広く参照できるようにと、本書は企画された。

編集委員としての個人的な話になるが、筆者はこうした小規模な機関ではなく、すでにデジタルアーカイブが動きだしている大規模図書館でデジタル化に関わった。大きな組織なので仕事は細分化されている。自分の担当（画像作成）についてはある程度把握しているものの、それがデジタルアーカイブに投入され、公開され、活用されていく過程については、知らない部分が多い。特に経費については、本書の編集に際して論文を読み、自分の仕事を振り返って気づかされることが多かった。大きな組織であれば、自分の担当以外で、どのような仕事がなされてデジタルアーカイブができるのかは見えづらい。そうした人にとっても、より専門的な、デジタルアーカイブに関する特定の業務のプロフェッショナルにとっても、本書で全体像を把握すること（たとえば法律の専門家がデジタル化の工程や技術の一端を知ること）は、自分の仕事の位置づけを考えるために意義のあることではないだろうか。

編集の際には、なるべくその時点での最新情報を盛り込むことを意識はしたが、日進月歩のジャンルであり、本書刊行の時点ですでに新しい技術や展開が見られる内容もあるだろう（本書の計画は2015年末にはすでに開始していたが、TPPの著作権関係の議論が難航することはまだしも、まさかTPPそのものの成立が危ぶまれる事態が生じるとは想像すらしていなかった）。実際にデジタルアーカイブを作り活用する際には、本書を礎とし、その時点での最新情報を加えて、いわば本書をアップデートした上で実践することが、本書を有効に活用していただける方法と考えている。

最後に、ご寄稿いただいた皆様、インタビューにご協力くださった皆様、そしてデジタルアーカイブに関する出版に積極的に取り組んでくださる勉誠出版の皆様に、厚く御礼申し上げます。

編集委員
国立国会図書館
河合　将彦

執筆者一覧（50音順）

阿児雄之（あこ・たかゆき）　東京工業大学博物館
井出竜郎（いで・たつろう）　NPO法人アート＆ソサイエティ研究センター
井上奈智（いのうえ・なち）　国立国会図書館
井村邦博（いむら・くにひろ）　株式会社プライム・ナンバーズ
遠藤ひとみ（えんどう・ひとみ）　株式会社ヴィアックス（新宿区立四谷図書館）
加藤諭（かとう・さとし）　東北大学
嘉村哲郎（かむら・てつろう）　東京藝術大学
河合将彦（かわい・まさひこ）　国立国会図書館
小林利明（こばやし・としあき）　骨董通り法律事務所
田部井勝彦（たべい・かつひこ）　東京藝術大学
時実象一（ときざね・そういち）　東京大学
中川紗央里（なかがわ・さおり）　国立国会図書館
長坂俊成（ながさか・としなり）　立教大学
永崎研宣（ながさき・きよのり）　人文情報学研究所
林和弘（はやし・かずひろ）　文部科学省科学技術・学術政策研究所
福井健策（ふくい・けんさく）　骨董通り法律事務所
松永しのぶ（まつなが・しのぶ）　国立国会図書館
宮本聖二（みやもと・せいじ）　ヤフー株式会社、立教大学大学院
宮本隆史（みやもと・たかし）　東京大学
柳与志夫（やなぎ・よしお）　東京大学
山田香（やまだ・かおり）　東京藝術大学
山本俊亮（やまもと・しゅんすけ）　国立国会図書館

索　引

3Dスキャナ　21, 22, 96, 97
3Dプリンタ　96-98
4K　29, 93
4K解像度　93
8ミリビデオ　20, 91
AAC　89
AIFF　89
API（Application Programming Interface）　54-57, 59, 149, 180
AVCHD　94, 95
CC BY　130, 131, 163
CC0　10, 129-131
CMS（コンテンツ・マネジメント・システム）　61
CMYK　84, 85
CSS（スタイルシート）　101, 102
DAT　87
DPI　18, 19, 48, 82, 83
DV　20, 21, 91-93, 95, 186, 187
Europeana　10, 11, 58, 137, 138
Google Books　123
H.264　94, 95
H.265/MPEG-H HEVC　95
HDD（ハードディスクドライブ）　29, 30, 32, 64, 67, 106
HDV　93, 95
Hi8　21, 91, 92
ICC HIVE　172
IIIF（International Image Interoperability Framework）　48, 54-56, 58, 59, 102
JavaScript　101
JPEG　19, 67, 79, 86, 177
LAN　29, 31, 104, 106, 107
LOD（Linked Open Data）　8-11, 177
LPI　83, 84
miniDV　21, 92
MP3　89, 90
NAS　29-32, 105-107, 161
OCR　49, 59, 66
PNG　86
PPI　82-85
RAID　30, 106
RDF(Resource Description Framework)　9, 11
RGB　84-86
SNS（ソーシャルネットワーキング）　38, 179, 183
TIFF　18, 19, 67, 79, 86
TPP協定　132-136
URI　9
VHS　20, 21, 91, 92
WAN　103
WAV　89
Web展示　112
WMA　89

【あ】

アクセス権　30, 31, 107
アジア歴史資料センター　160
色深度　66, 85, 86

インターネットアーカイブ（IA）　34
インターレース　21, 94
ウィキペディアタウン　165, 168
オーディオCD　87, 90
オーバーヘッドスキャナ　20
オープンサイエンス　42
オープンソース　100, 102
オープンリール　20, 87, 91
オーラルヒストリー　148, 150, 154, 174, 181, 183
オプトアウト　122
オプトイン　122
オンプレミス　60, 61, 99
オンラインストレージ　33, 80

【か】

解像度　18, 19, 48, 66, 71, 72, 79, 82-85, 93, 162, 187
海賊版　135
拡大集中許諾制度（ECL:extended collective licence sysytem）　122
拡張現実（AR）　108-110, 112
カセットテープ　20, 87, 92, 93
仮想現実（VR）　108-110, 112
画面走査方式　94
管理メタデータ　24, 27, 28, 179
記述メタデータ　24, 26, 28
寄託契約　15
強制許諾制度　121
共有財　114
クライアントアクセスライセンス（CAL）　105
クラウドサービス　47, 60-62, 99, 100
クラスアクション制度　123
クリエイティブ・コモンズ　128-131, 141, 160, 163, 173, 187
グレースケール　20, 83, 86
現用文書　175, 178
権利処理　51, 52, 78, 81, 116, 119, 121, 122, 124-126, 128, 133, 137, 141, 142, 171, 179, 181, 183
広域回線網　103
公衆送信権　33, 80, 114-116
公文書管理法　175
コーデック　21, 95
国際科学会議（ICSU: International Council for Science）　41
国立国会図書館　25-27, 55, 71, 117, 121, 182
孤児作品（orphan works）　118-123, 127, 133, 139, 141, 183
孤児著作物⇒孤児作品

【さ】

サーバ仮想化　105
サンプリング周波数　87-89
シアター　108, 109, 112
磁気テープ　64, 67, 68, 80, 87, 178
事業継続計画（BCP：Business continuity planning）　100
肖像権　118-120, 124-126, 143, 150, 151, 183
親告罪　134, 135
スイッチ　104
スクリーン線　83
ストレージ（データ保存装置）　19, 29, 30, 32, 33, 53, 80, 86, 95, 103, 105, 106
脆弱性　31, 62, 102
戦時加算　127, 134
組織アーカイブズ　175

【た】

帯域幅　50, 104
帯域保証サービス　104
ダブリンコア　67
著作権等管理事業者　136
著作権登録制度　121
著作者人格権　115, 135
著作隣接権　116, 121, 124-126
追加的損害賠償制度　136
デジタルサイネージ　108, 109
デジタルファブリケーション　97
転載　14, 119
トランスクリプト　179

【な】

二次利用　15, 128, 156, 173, 187

【は】

パーソナルアーカイブ　3, 38
バックアップ　31, 32, 53, 62, 80, 88, 100, 105, 150, 180
パブリシティ権　120, 179
パブリックドメイン　10, 151
パブリック・ライセンス　128, 131
ピクセル(画素)　48, 82-84, 86, 93
非現用文書　175
非親告罪　133, 135
ビット　85-89, 103
ビットレート　21, 29, 88-90, 93, 95
ビネガーシンドローム　91
ファイアウォール　104
ファイルフォーマット　67, 72, 88, 89
フェアユース　122, 123
複製権　114-116
ブックスキャナ　20
フラットベッドスキャナ　17, 20, 53
フレームレート　94
プログレッシブ　94
プロジェクションマッピング　108, 112
文化遺産オンライン　137, 171
文化庁裁定制度　121
ベストエフォート　104
ヘッドマウントディスプレイ　108, 109
ベルヌ条約　119, 123
法定損害賠償制度　136
ボーンデジタル　34, 108, 179, 183
保護期間　116, 119, 121, 123, 125-127, 132-134
保守契約　60, 61
ホットスペア　106
ホットスワップ　106

【ま】

無線LAN AP　104
無方式主義　119, 121
メタデータ　10, 24-28, 49, 50, 64, 66-68, 72, 78, 79, 129, 131, 141, 148, 150, 172, 176, 177, 179-183
メタデータスキーマ(メタデータ記述規則)　24, 27, 28, 67
メッシュデータ　97

【ら】

リニアPCM　89, 93
量子化ビット数　89
レスポンシブWebデザイン　101, 102

入門（にゅうもん） デジタルアーカイブ
――まなぶ・つくる・つかう

2017年12月25日　初版発行
2024年10月25日　初版第3刷発行

責任編集　柳与志夫
発行者　吉田祐輔
発行所　株式会社勉誠社
〒101-0061　東京都千代田区神田三崎町2-18-4
TEL：(03)5215-9021(代)　FAX：(03)5215-9025
〈出版詳細情報〉https://bensei.jp

印刷・製本　株式会社ニューブック
ISBN978-4-585-20060-4　C1000